龍のごとく運気が上昇する

The new style of worshipping shrine and dragon to boost your fortune.

新しい時代の神社参拝

SHINGO

KADOKAWA

2021年から本格的に始まった「風の時代」。
「地の時代」の参拝方法と、
「風の時代」の参拝方法は異なります。

昭和、平成を経て、令和の時代。
昭和、平成は「外向きの私」を装うことで、
うまくいく時代でした。

「風の時代」は違います。
「外向きの私」を脱ぎ捨てて、
「本来の私」に還るために、
神社を活用する時代です。

では、「本来の私」とは何か？

それは私は「神様」だということ。

令和時代、
風の時代は人々が
自分が神だということに気づく時代。
「人類総神様時代」が始まるのです。

そして、神社の中でも、
とりわけエネルギーが高い
「龍のいる神社」があります。

ここで風の時代ならではの参拝をすることで、
あなたの運気は龍のごとく上昇。
人生に大きな変化をもたらすのです。

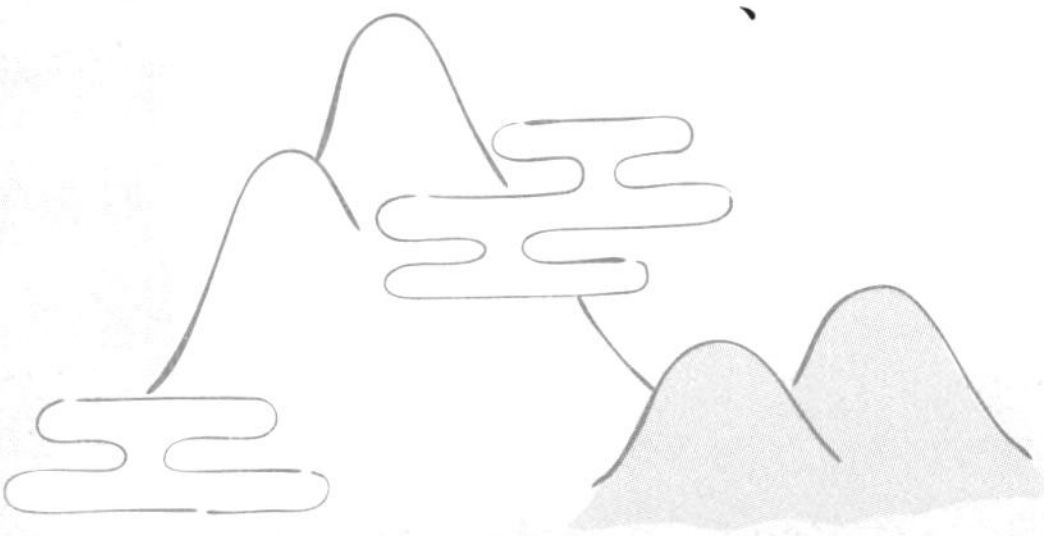

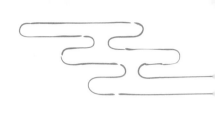

はじめに

「神社参拝？　なにそれ、時間の無駄じゃない？」

20代の僕が実際に口に出した言葉です。

当時の僕は、神様など全く信じていませんでした。それどころか、正直に申し上げますと、神様を信じている人をバカにしていました。

「神頼みをする人は、自分の人生から目を背けた弱い人間だ！」

かつての僕は、「自分の問題は全て自分で解決するべき！」と思い込んでいたのです。

しかし、その20年後……僕は別人のようにすっかり変わりました。

年間100社以上の神社を参拝したり、神社に行くイベントを企画したり、神社に1000万円以上の寄付をしたり。

完全なる「神社フリーク」になってしまいました。

それどころか、「龍遣い」として4万人規模のイベントに出演したり、スピリチュアル能力を開発するスクールを開いたり、アメリカや中国で現地の人向けに講演をしたりと、僕の生活はスピリチュアル一色になってしまいました。

僕が大の神社好きになったのは、ある出来事がきっかけでした。

当時の僕は会社に勤めていました。24時間365日仕事をするようなハードワークをしていて、正直、心も体もヘトヘトでした。

本当は休まないといけないのに、会社に対して「休ませてください」の一言が言えず、「この仕事が終われば」「ここを切り抜ければ」と自分に言い聞かせながら、毎日毎日、必死になって、ノートにびっしりと書き込まれたタスクリストをこなしていました。

鏡に映る自分の顔色がどんどん悪くなっているのがわかっても休めない。それが「当たり前」の日々が何日も続きました。

そんな生活は長くは続きません。ある日の朝、ついにベッドから起き上がることができなくなってしまったのです。

医師から告げられた病名は「うつ病」。

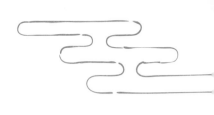

ハードワークがたたってしまったようです。僕は病気を治療するためにそのまま会社を辞めることになりました。

ずっと退職したかった会社を辞めたはいいのですが、その後が壮絶でした。収入はありません。でも、毎月の支払いはある。家のローンもある。必要なものはなくて、不要なものはある状況。正直、苦しかったです。

さらに、苦しさに追い討ちをかけるかのように、私の二人の幼い息子たちが慕っていた祖母が他界。様々な不運が襲いかかってきました。

「この世には神も仏もいないのか！　なんでこんなことになるんだ！」

自分の人生に強い憤りを感じました。正直、生きていくのも辛《つら》いと思った瞬間もありました。

しかし！　そのとき、僕の目の前にひとすじの光明がさしてきたのです。

あれは息子の七五三祝いで、ある神社に行ったときのこと。

お参りを終えると、いただいた授与品の中に入っていた1枚のお札が目に飛び込んできました。そこには「天照皇大神宮」と書かれていました。

これが「神宮大麻《たいま》」というお札だということは後になってわかりました。通常、神棚の中心にお祀《まつ》りするお札ということも、当時は知る由もありませんでした。ただ、そのお札を見た瞬間、強く心惹《ひ》かれるものがあったのです。

「なんだろう……この感覚は……」

じっと神宮大麻を見つめていると、白く光っているように見えました。

当時の僕は、スピリチュアルの分野に対して20代のときほど懐疑的ではありませんでしたが、それでも何か霊的なものが見えたり、聞こえたり、感じたりはしませんでした。

そういった能力はないけれども、このお札には「目に見えない不思議なパワー」が宿っている。そう感じたのです。

自分の力だけで人生は切り開ける。そう信じていた僕が、この光り輝く神宮大麻を目の前にして、生まれて初めて「神様にすがってみよう」と思った。羽をもがれて初めて、自分の力ではない、大きな力に助けてもらおうという気持ちになったのです。

そして、自分でも信じられないような行動に出ます。

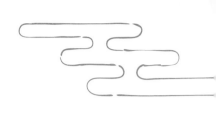

神宮大麻を両手で掴《つか》み、一心不乱に心の中でこう叫んだのです。

「神様、どうか助けてください！　僕を救ってください!!　どうか、どうかお助けください！　お願いします!!　お願いします!!!」

いままでの僕からしたら信じられない行動。自分でも「オレ、アタマオカシイ」と思いました。でも、言葉は止まりません。

「助けてください！　どうか、お願いします！　お願いします!!」

必死のお願いを神様に告げた後、僕は体の中に、確かな変化を感じました。

あれ？　なんだ??　不安が……焦りが……減っている。

そうなんです。心の中から明らかにネガティブな感情が減っていたのです。

とても不思議な感覚でした。ずっとずっと、僕を悩ませていた、自分を締め付けるようなギュウウウウウウウとした感覚が、スッと手元からすり抜けるように、心から剥《は》がれ落ちていったのです。

そして、その後に表れた感情は「安心感」でした。

大きなものに守られているような、包み込まれているような安心感が、心の中に滝のように流れ込んできました。

生気を失って枯れ木のようにカサカサになっていた細胞が回復していくような感覚があり、体中が柔らかくふっくらとしてきました。

端的に言えば、とても「元気」になっていきました。

あれ？　なんだこれ？

しばらくは、頭では理解ができませんでした。

だって、会社員を頑張って、頑張って、頑張って、手に入れたかったものは、実はお金でも、名声でもなく、この「安心感」だったからです。

僕は頑張って、幸せになって、安心したかったのだ。「ほっと」したかったのだと、初めて気がつきました。

お金や名声が欲しい、と感じていたのは表面的な気持ち。本当は、心の中でぐるぐると渦巻いていた「漠然とした不安」をなくしたかったのです。

僕は会社で出世したり、肩書きができたりすることで、この「漠然とした不安」が消えるように思っていました。上司からの評価が上がれば、気持ちが軽

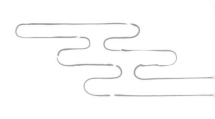

くなると思っていました。

でも、お金を稼いでも、不幸だったら意味がありません。出世できたとしても、不満ばかりであれば意味がありません。

多くの人が欲しいのは、実は「安心感」なのです。僕はこの「安心感」が欲しくて、日々頑張っていたのです。

え？　幸せって……こんなことでいいの⁇

圧倒的に「肩透かし」を食らいました。

ただ、自分に禁じていた方法をやればよかっただけだったのです。神様にお祈りすれば、それだけでよかったのです。

そして、最後に至った結論は……「僕は大丈夫だ」！

それはとても力強く、優しい感覚。まるで「安心感」という気体が充満したカプセルの中にすっぽりと入り込み、その中で呼吸をするたびに体の中に「安心感」が入ってくるかのような……そんな感覚でした。

さらには、後日びっくりすることが起こりました。

当時は息子の七五三の費用も両親に出してもらうほどの経済状況でしたが、

2ヶ月程度は生活できるくらいの臨時収入がぽんっと入ってきたのです。

神様は幸せを教えてくれる。現実も変えてくれる。

神社は最高だ!!

この出来事が僕を「神社フリーク」の道へと誘い、その後、何年にもわたり、日本中の神社・仏閣をめぐることになりました。
そして……ある場所で「龍」と出会ったのです。
それはそれはエキサイティングな出来事でした(その話は本文の中で出てきます。ぜひ、楽しみにしていてくださいね♪)。

さて、前置きが長くなりました。
はじめまして。ドラゴンマスター・SHINGOと申します。
冒頭から重めの話をしてごめんなさい(笑)。暗い思い出話はここまでにして、ここからはむちゃくちゃ明るい話をしていきます!

まずはこの本を手に取っていただき、ありがとうございます！

超嬉《うれ》しいです!!

冒頭で重い話をしたのは、「神社」には人生を大きく変える力があることを、僕の実体験を聞いてもらうことで、あなたに理解してほしかったからです。

神様に触れることで、人生は大きく変わります。

お金も、時間も、人間関係も、理想通りになります。

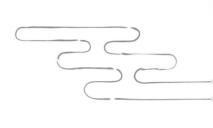

神社に関する書籍はたくさんありますが、本書の一番の特徴は「龍」をテーマにしていることです。

なぜ「龍」なのか？

それは、僕自身が神社で龍と出会い、人生が大きく変わったからです。

僕は数年にわたる神社参拝の旅の中で、何度も龍に出会い、龍に助けられて、龍にたくさんのことを教えてもらいました。

すると、お金・時間・人間関係・仕事の全てが１８０度変化。

いまは幸せな気持ちを継続して感じながら、かつ、お金や自由な時間を生み出すことができています。

しかも、僕だけではなく、龍に出会って、同じように人生が大きく変化した友人たちが大勢います。

ですから、皆さんにも「龍」のエネルギーに触れて、人生を龍のごとく上昇させていただきたい。そんな想いから、「龍」について書くことにしました。

龍に触れることは誰でも可能です。

ただ、それにはちょっとした「コツ」があります。この本ではその「コツ」をできるだけわかりやすくお伝えしていこうと考えています。


振り返ってみると、僕が「神宮大麻」に必死にお願いしたのは、「地の時代」の参拝方法でした。当時は2016年で、まだまだ「地の時代」と言われる、物質を重んじる時代だったからです。

もちろん、必死にお願いすることは、現時点でも一定の効果があると思いますが、いまこのタイミングではエネルギー的に合っていないように感じます。

なぜなら、元号は令和となり、2020年12月22日から「風の時代」に入ったいま、ベストなお参りの方法は大きく変わりつつあるからです。

この本では、「新しい時代の神社参拝」についてお伝えしていきます。

僕が日本各地の神社を参拝しながら、龍神様に教えてもらった「新しい時代の神社参拝」の方法です。

もちろん、神社本庁公認の参拝方法ではなく、あくまで僕自身の感覚です。

ただ、やってみると面白いことになりますので、好奇心が強くて、新しいものが好きな人は、きっと試してみたいと感じると思います。

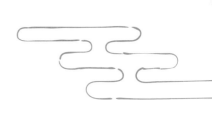

また、この本でお伝えしている情報の多くは、僕が龍神様からチャネリングで教えてもらったことばかり。ですから、はっきりとした科学的なエビデンス(根拠)は、正直ありません(最初にお伝えしておきます!)。
ただ、これからの時代は、科学的根拠は薄くても、試してみて「楽しい、嬉しい」と感じられるメソッドに光が当てられるべきだと思っています。
なぜならば、僕がサラリーマン時代に「肩書き」や「出世」などの「目に見えるもの」だけを追いかけて、心が苦しくなってしまったように、「科学」「根拠」など「目に見えるもの」だけを「正解」としてしまうと、取りこぼしてしまう「何か」があるような気がしてならないからです。

その「何か」とは、「神様・龍神様の御加護」。

僕はこれを「他力」と呼んでいます。

「本当に他力なんてあるの？」。そう思う方もいらっしゃることでしょう。

御加護は目には見えませんが、確実に僕たちの人生に影響を与えています。

現に、「神社に行って人生が変わった」と言う人は大勢います。

ある人は理想の彼氏が見つかり、またある人は、ずっとやりたかった仕事につけて収入も大きく上がった。また、人生に疲れた人が心から癒《い》やされ、生きる気力を持てたり、新しい事業が成功した！　という人もいました。

僕だけではなく、たくさんの人に神社パワーの実感があるのです。

もしかしたら、あなたもそうじゃありませんか？

神社について、何か感じることがあるから、この本を手に取ってくださっているのですよね？

もし、興味はあるんだけど、やっぱりちょっと抵抗を感じるんだよね、と思

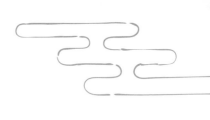

うのであれば、ぜひ「温かな目線」で読み進めてください。「まあ、そういうこともあっていいかな」くらいでいいと思います。

でも、科学では証明しきれない不思議な出来事は、現実に起こる。その事実に、少しでも興味を示してもらえたら嬉しいと思ってペンを進めています。

そして、この本を読み終わった後に、スピリチュアルが好きな人も、そうでない人も、みんな友達になれたらな、と思っています。

それから、この本のもう一つの見所が「龍がいる神社」のご紹介。

日本には素晴らしい神社がたくさんあります。

なかでも、確実にあなたの人生を大きく変えてくれる「龍がいる神社」を13社選んでみました（選別することはなんとも心苦しい作業でしたが、ページの関係上、13社に絞らせていただきました）。

「龍がいる神社」には個性があり、それぞれ得意な「お悩み解決」も違います。

そこで、あなたが行くべき神社が一目でわかるように、お悩み別のカテゴリーを付けました。カラーページで写真もたくさん！　とっても見やすい体裁になっていると思います。

この本を読めば、あなたも新時代に生きる「スピリチュアルマスター」としての第一歩を踏み出せます。

「スピリチュアルマスター」とは、自分の力(自力)と神様・龍神様の力(他力)の両方を使いこなし、自分自身はもちろんのこと、関わる人たち全員を幸せに豊かにできる人のこと。

より端的な言葉で言い換えると「幸せな成功者」ですね。

この本を読むだけで、あなたが「幸せな成功者」になるのも夢ではありません。あなたが望んでいた情報がきっとここにあります。

ぜひ、楽しんでくださいね!!

SHINGO

目次

第3章 「龍」とは何か？

第4章 「新しい時代」の神社参拝

第5章 特選！ 龍がいる神社13社

第 1 章

「新しい時代」の始まり

「新しい時代」とは？

私たちはいま「新しい時代」に突入しようとしています。

〝新しい〟とは、何が新しいのでしょうか？

私たちは、どこに行こうとしているのでしょうか？


それは「制限」から「自由」への大転換です。

私たちは今までの「立場」「身分」「役割」から、解放される方向に向かっています。そして、本当に「自由」な世界へと動き出しているのです。

◎「働き方」が自由になった

例えば、いま、「働き方」がどんどん自由になっていますね。

一昔前であれば、会社で働くことが当たり前とされ、長時間労働と満員電車での長時間通勤というライフスタイルの人が大多数でした。

つまり、「生きること＝会社で働くこと」。会社での「役割」をまっとうすることが「義務」であり、会社に強く「制限」された働き方が一般的でした。

それがいま、大きく変わりつつあります。

まず、新型コロナウイルスの影響により、リモートワークが加速度的に進みました。通勤時間が家族との時間や趣味の時間に割り当てられ、生活の質がよくなっている人も少なくないでしょう。

何よりも、満員電車に乗るストレスから解放された人が多い。このように、働く「場所」が自由になっています。

また、副業を認める会社も増えてきました。大手企業ではソフトバンク、サイバーエージェント、日産自動車、花王、富士通などが副業を解禁しています。

本来、人は複数のことに興味を持ち、それにトライしてみたいという願望があります。ずっと同じことばかりでは飽きてしまいますよね。

いままでは、一つの会社で一つの業務だけをするべき、という「制限」が人間の好奇心を抑制していましたが、そこからも解放されつつあります。

さらに、「本業」という考え方からも自由になり、業界・業種に一貫性を持たせることなく、やりたい仕事を複数手がける「パラレルワーカー」という働き方も増えてきました。

それから、インターネットやSNSを活用し、会社に行かなくても、個人でお金を稼ぐ人が急増しました。

日本で一番有名なYouTuberのヒカキンさんは、ヒューマンビートボックス（自分の声を楽器のような音にして演奏する音楽）の練習としてYouTubeに動画を上げ始め、いまでは年間数億円の収入があるそうです。

動画の内容は、ゲームの実況中継や、おまけ付きのおもちゃを大量に買って中身を開ける様子の放送など。とても楽しくて子供でも楽しめる内容です。

もちろん、動画の編集やトップYouTuberならではの悩みはあるとは思いますが、それでも、30代の男性がおもちゃやゲームで遊んで、数億円もの収入を得るということは、一昔前には天地がひっくり返ってもありえないことでした。

さらに衝撃なのは、世界で一番収入が多いYouTuberのライアン・カジさんは、なんとわずか9歳という事実！

信じられないようなことが、現実に起こっている。これを「新しい時代」と言わずして何と言いましょう。

ヒカキンさん、ライアンさんの「スモールサイズ版」のような人は、いま急激に増加しています。

日本人が生きていくのに必要な生活費はいくらくらいでしょうか？

家族がいたり、持ち家があったり、地域によってまちまちではありますが、贅沢《ぜいたく》をしなければ、だいたい月20万〜50万円といったところでしょうか？

その程度の金額であれば、インターネットやＳＮＳを使って収入を得ることはさほど難しくなくなってきました。

現に、フリーランス、起業家、または主婦の方が自分の好きなことについて情報を発信して、収入にしているケースは年々増えています。

中には月１００万円以上稼ぐ方もいますし、僕の友人ではちょっと前まで普通の主婦だったのに、いまでは1億円を稼ぐスゴイ人もいます。

もう、こうなってくると会社に勤めることに必要性を感じません。

一昔前までは「人が嫌がることをするからお金になる」という考え方が当たり前にあり、「働くこと」＝「嫌なこと」「苦しいこと」でしたが、いまは好きなことを仕事にできる時代。

「頑張ったり、ガマンしたり、苦しんだりしないとお金がもらえない」という「思い込み」からも、私たちは自由になりつつあります。

◎「ライフスタイル」も大きく変化

恋愛や結婚、家族のあり方も大きく変化しています。

かつては、結婚したら子供を産んで、育てて、家族は死ぬまで一緒、というサザエさんのような家庭が、いい家族の典型とされてきました。

もちろん、家族が仲睦《むつ》まじいのはいいこと。ですが、家族での「役割」が「義務」や「プレッシャー」になることも珍しくありません。

そうなると、家族の存在が自分の人生の「制限」になってしまう。

本来、安らぎの場であるはずの「家族」が、義務と役割の場になっているケースも多々あります。

「離婚」する人が年々、増えているのはそのためでしょう。いまや日本人の離婚率は約20％。このままいくと、3組に1組が離婚することになりそうです。

以前は「バツイチ」と呼ばれ、「×（バツ）なこと」という印象でしたが、いまや当たり前。「生涯、同じ人と連れ添わなくてはいけない」という常識は過去のものになりました。

そもそも、結婚しない人も大勢いる。一昔前は「結婚しなくてはいけない」という空気がありましたが、いまでは結婚するもしないも「自由」に選択できる時代になっています。

また、かつては男性は働き、女性は家事・育児をするのが一般的でしたが、いまでは「主夫」という言葉が市民権を得ているように、男性が家のことをするケースも増えました。

家事自体を、家族の仕事から除外してしまおうという動きもありますね。

「家事代行サービス」にお願いして、家族は一緒に楽しいこと「だけ」をする、というライフスタイルを送っている人もいます。

家族のあり方も「制限」から解放されて、自分が好きなように選択できる「自由」な流れになっています。

◎「性のあり方」も自由

「性のあり方」にしても、いまは「自由」。

同性愛、両性愛、トランスジェンダーであることを公表する著名人が世界的に増え、「LGBT」という言葉が浸透しました。

いまでは堂々と活躍されている人がたくさんいますよね。僕の友人の日本人男性も、アメリカ人男性と結婚して現地で幸せそうに暮らしています。

また、女性がメンズの服を着たり、男性がウィメンズの服を着たりと、ファッションに関しても性差がなくなっています。

さらに、かつては「美容」というと女性の行為であるという印象でしたが、男性でも化粧をしたり、美容整形や脱毛をする人が急増しています。

「性」というものに対して、どんどん多様化して、個人が自由に選択できるようになっていますね。

「制限」から「自由」の時代へ

「これってなんかおかしくない？」

「これってなんか生きづらくない？」

「こんなのやめちゃえばいいんじゃない？」

「こんなことしたっていいんじゃない？」

「こっちのほうが生きやすくない？」

「こっちのほうが楽しくない？」


私たちは気づき始めているのです。

いままでは「制限」が当たり前だったけれど、時が経《た》つにつれて、私たちの全体意識がより「生きやすい」社会を求めるようになった。

これからは、私たちが本来ありたかった「自由」に向かっていく時代。

とてもいい時代が訪れるのです。

◎自由な「風の時代」

この「新しい時代」のことを「風の時代」と呼びます。

西洋占星術では、約200年続いた「地の時代」が終わり、2020年12月22日より「風の時代」が始まったとされています。

「地の時代」とは、人々が「制限」の中で、我慢することが美徳とされた時代。

「風の時代」とは、人々が「自由」の中で、自分らしく生きることが美しいとされる時代。まさにあなたが「風のように生きる」時代が始まったのです。

「聖地」で受け取ったもの

「新しい時代」について、社会的な変化を交えながらわかりやすくご説明してきましたが、いかがだったでしょうか?

すごく大きな変化が訪れている、ということはご理解いただけたのではないかと思います。

さて、ここからは僕が「チャネリング」と呼ばれる技法を用いて、神様や龍神様などの聖なる存在から直接受け取った情報をお伝えしていきましょう。


世界各国には「聖地」と呼ばれる、「パワースポットの横綱」みたいな場所があります。

例えば、アメリカの「シャスタ山」「セドナ」、イギリスの「グラストンベリー」「エーヴベリー」、エジプトの「ギザのピラミッド」、オーストラリアの「エアーズロック」などなど。

そうした「聖地」に行くと、チャネリングやヒーリングができるようになるなど、その人の眠れる「スピリチュアル能力」が花開くと言われています。

世界中のスピリチュアル愛好家たちがこぞって聖地を訪れるのは、そのためです。

◎シャスタ山での不思議な出来事

2019年10月に僕が訪れた聖地は、アメリカ・シャスタ山でした。

僕は生まれて初めて、シャスタ山でのスピリチュアル・イベントに出演者として呼ばれ、現地アメリカ人向けに龍遣いセミナー(「ドラゴン・アクティベーション」と言います)を行うために渡米しました。

イベントの1週間前にシャスタ山に入り、各所に点在するパワースポットをめぐっていたのですが、ここでの出来事はいまでも忘れられません。

まず、シャスタ山では普通にUFOが飛んでいます(笑)。本当です。

夜空にふわふわと飛んでいたり、何もない夜空に急にピカーン！　と光ったりしていました。

最初に見たときは、「うわーすごーーい、UFOだー!!!」と鼻血が出るほど興奮しました。

ですが、4日ほど滞在すると「あ、また飛んでるな」と、UFOが日常化してしまいました。それほど、頻繁にUFOが夜空を飛んでいました。

◎青い龍「アンサラス」との出会い

聖地と言われる場所では、このように不思議なことがたくさん起こります。

シャスタ山の山頂手前で瞑想《めいそう》をしていたときのこと。

瞑想を終え、パッと目を開けると、青い龍が目の前をブーンと飛んでいるのが見えました。それも、親子の龍。背中から翼が生えた親龍と子供の龍がシャスタの山間を飛んでいたのです。

その龍は「アンサラス」という名前でした（子供の名前はわかりませんでした）。

一緒にいた他の方も「ここに青い龍が来たのを感じた」と仰《おっしゃ》っていましたし、同じ光景を他の人も見ていましたので、僕が作り上げた妄想ではありません。

その後、シャスタ山の他の場所でも、木々の間に精霊が見えたり、湖のほとりにユニコーンがいたり、山の中には大きなダイダラボッチ（巨人）が見えたりしました。

◎レムリアの最高神官との出会い

一番印象的だったのは「アセンション・ロック」に行ったときのこと。

ここは巨石がたくさん積み上げられていて、太古の昔から「聖なる儀式」が行われていたとされている場所です。

到着するやいなや、僕の体はビリビリと反応をし始めて、不思議と涙がこぼれました。

きっと、「聖なる儀式」を行っていた太古の聖者たちとつながったからでしょう。ハートから温かなエネルギーが流れ出し、とても温かな気持ちになったのです。

「アセンション・ロック」で瞑想を終え、目を開けると、50メートルほど先に人が立っていました。

それは、いわゆる肉体を持った「人」ではなく、「エネルギー体」としてそこに存在していました（『スター・ウォーズ』などのSF映画に出てくる人間の形をしたホログラム映像のイメージです）。

その人はレムリア（後述します）の最高神官・アダマという人でした。「最高神官」とは、神様に使える最高の位を持つ方。聖者のトップリーダーにあたる方です。

アダマさんは、ただじっと僕の方を見つめていた。なんとも不思議なご縁を感じました。以前どこかで会ったことがあるような心地でした。

そして、その翌日、僕は「地球の未来」を見に行くことになったのです。

伝説の大陸「レムリア」

あなたは「レムリア」をご存じですか？　スピリチュアルが好きな方は、一度は聞いたことがあるかもしれませんね。

地球の未来を知るためのキーワードが、この「レムリア」です。

◎スピリチュアルな文明

「レムリア」とは、いまから2500万年前に海に沈んだ伝説の大陸の名前。

古代レムリア人はクリスタルを使って空を飛ぶ船を作るなど、超高度な文明を持っていたそうです。

また、現代人とは比較にならないほどの高い精神性と能力を持っていました。

例えば、テレパシーで会話をしたり、天使や精霊などと共存し、チャネリングや直感などの能力に長《た》けていたり。

さらには、龍を乗り物として使い、個人タクシーのようにして移動していたり。とてもスピリチュアルな文明だったと言われています。

戦争や争い事はなく、所有や競争の観念も薄く、人々の心の中には愛が溢《あふ》れている。

好きなことを、好きなときに、好きなようにして生活をする、まるで天国のような世界だったとも言われています。

実は、シャスタ山の地底には「テロス」という地下都市があると言われているのですが、「テロス」はかつてのレムリアの中央都市。

目で見ることはできませんが、シャスタ山の地下にエネルギー体として存在しています。また、レムリアに住んでいた人々も、その「テロス」において、エネルギー体の状態になって暮らしているとされています。

その場所で一番格上の神官をされているのが、先ほどお会いした「アダマ」さんです。

青い龍が教えてくれた「地球の未来」

次の日、僕はシャスタ山にある「ヘッドウォーター」を訪れました。

湧き水が川のようにとうとうと流れていて、とても気持ちがいい場所です。

そこで瞑想を始めると、シャスタ山の山頂付近で出会った青い龍「アンサラス」が再び、僕のもとを訪れてくれました。

そして、地球の未来のことを教えてくれたのです。

〝地球は「アセンション」する。
「アセンション」とは、地球がより「高次元の星」になるということ。
高次元の星になるというのは、「愛の星」になるということ。
「アセンション」するには、シャスタ山に記憶されている「レムリア」のエネルギーが参考になる。
今後、地球はかつてのレムリアのような星になっていく。〟

そう告げられた後、僕の頭の中に、イメージ映像として「30年後の地球の姿」がブワッと現れました。

僕が見たビジョンは「愛の星に変わった地球」。

テレパシーやチャネリングなどのスピリチュアル能力を使いながら、お互いに思いやり、励ましている。

人々の心は愛に溢れていて、まるで天国のような地球でした。

◎「神様」の自覚を持つ人々

そして、地球に住んでいる人たちは、みんな「私は神様だ」という自覚を持っていました。

そう、人間でありながら、自分は神様だと感じているのです。

同時に、あなたも神様、他の生き物も神様、植物も、動物も、風も、水も、みんなみんな神様だと感じていました。

神様のように、何にもとらわれることなく、自由にのびのびと生きる。

お互いを信じ合って、争うこともなく、国境もなく、人種差別もない。

ただただ「生きる」という生命の営みに感謝をし、祝福を受けていました。

「アセンション」に向けて動き出した地球

このような地球になることを「アセンション」と呼びます。

いま、地球はこの「アセンション」に向けて、徐々に徐々に移行しています。

先述した「新しい時代」の社会の急激な変化は、この「アセンション」の影響によるもの。地球が「愛の星」に変わるために、世界的に大きな変化が起こっているのです。


そして、「アセンション」を加速させるためには、私たちの意識が変わらなくてはならないようです。

地球が「レムリア」のようになるためには、私たちの意識を「制限」されたものから「自由」なものに変えていかなくてはいけません。


この「制限」から「自由」に向かっていく「新しい時代」の流れをスピードアップさせるのに、とても重要な役割を担うものがあります。

それは、なんだと思いますか？

そうです、実はそれこそが「神社」なのです。

第 2 章

「新しい時代」の神社の役割

神社は「自由」になることを許してくれる場所

「神社」とは、そもそもなんでしょうか？

「神社」は日本固有の宗教である「神道」の施設で、日本の神様がお祀りされています。

日本全国にあり、その数は8万社以上。全国にあるコンビニエンスストアの数より多いのです。

ではなぜ、神社が「新しい時代」の流れをスピードアップさせるのか？

それは、神社が人々を義務や役割から解放し、「自由」になることを許可してくれる場所だからです。

この章では、神社がなぜ「自由」になれる場所なのかを、いくつかのパートに分けて順に説明していきます。

日本の神様はとても自由

他の国の宗教は「一神教」が多いですよね。

キリスト教にしてもイスラム教にしても、唯一の絶対的な神様がいて、その神様を信じることで救われる、というのがセオリーです。

また、その宗教ならではの教義やしきたりが多く、食事や行動にも制限があったりします。

もちろん、その宗教がその国の伝統を作り、独自の文化を作り上げているので、それ自体を否定するつもりは毛頭ありません。

ですが、それらの宗教に比べて、日本の神様はなんておおらかなのでしょう。

日本には「神道」という日本固有の宗教があるにもかかわらず、仏教、キリスト教を始め、いろいろな宗教が存在します。さらには、その宗教のならわしが、生活に当たり前のように溶け込んでいます。

例を挙げると、私たち日本人は、午前中に神社にお参りをし、午後にはお寺に行ってお墓参りをし、夜にはクリスマスパーティーを行う、というようなことが当たり前にできてしまいます。

一日のうちに神道→仏教→キリスト教という「宗教のハシゴ」ができてしまうのです。

もちろん、他にも複数の宗教が存在する国はあります。

他の国でも仏教の寺院に行った後、イスラム教の寺院に行くことなどはできるかもしれません。

ですが、日本ほど複数の宗教的施設や儀式が当たり前のように生活に溶け込んでいる国はありません。

こんなことができるのは、日本の神様が「寛容・許容の神」だからです。

そもそも日本の神様は「八百万《やおよろず》の神」と言って、自然や物事の全てに神が宿るという考え方。

ですから、日本にキリスト教や仏教が入ってきても、八百万の神々は「全部が神様なんだから、あなたも神様だよね。一緒だね。入ってきていいよ、いいよ」と言って受け入れたのだと思います。

日本の神様はとても大らかで、寛容なのが特徴です。

◎日本古来の神様は破天荒？

日本の神話である『古事記』や『日本書紀』には、日本古来の神様の姿が描かれています。

読むと、日本の神様の寛容さに加えて、「破天荒ぶり」もしくは「自由さ」も感じることができます。

例えば、『古事記』に出てくる「イザナキ」と「イザナミ」という神様。

イザナミは火の神様「カグツチ」を産むのですが、カグツチの火が燃え移り、イザナミは死んでしまいます。

そこで怒ったイザナキはなんと、カグツチを斬り殺してしまうのです。

「えっ！　生まれたばっかりの自分の子供でしょ！　斬り殺しちゃうの？」と

読み手はびっくりするんですけど、そのまま何もなかったように物語は進んでいきます（自由すぎる！）。

他にも、イザナキとイザナミは最初にできた子供「ヒルコ」も、醜い姿だったので海に流してしまいます。

「おいおい、第一子を流しちゃうのかよっ！」と思うんですが、『古事記』はそのまま話が進んじゃうんですよね（これまた、自由すぎるっ！）。

また、黄泉の国まで妻を追いかけたイザナキに、イザナミが「絶対見ないでね♡」と言って部屋に閉じこもるシーンがあるんですけど、イザナキは約束を破って部屋の中を見てしまいます。すると、中にいたイザナミはものすごく醜い姿をしていたのです。

醜い姿を見られたイザナミは「みぃ～たぁ～なぁ～！」と怒り、イザナキに大ゲンカをしかけます。

二人の夫婦ゲンカは、たたくとか、つねるとか、そんな生易しいものではありません。殴るとか、蹴るとか暴力の範囲でもありません。

イザナミの攻撃は想像の範囲を超えています。なんと、1500人もの軍勢を召喚し、イザナキに一斉攻撃をしかけるのです！

旦那に軍勢を仕向ける妻。夫婦ゲンカの域を超えて、もはや戦争ですよ！

1500人の軍から必死に逃げるイザナキ。でも、どうしても逃げきれなくて、絶体絶命のピンチに！

もうダメか……と思ったそのとき、イザナキがふと横を見ると「ある木」が生えていました。それは「桃」の木で、木には桃の実がなっていました。

イザナキはその桃の実を手に取ると、「えい！」と軍勢に投げつけます。

すると、なんと！　1500人の軍勢は撤退してしまうのです！

「ちょっと待って！　桃、強すぎでしょっ！」と読み手は思うんだけど、そのまま話は続きます（自由すぎるって！）。

攻撃の仕方も、反撃の仕方も、完全に私たちの理解を超えています。

◎「君が代」はラブソング？

そんな大規模な夫婦ゲンカをしたかと思えば、イザナキとイザナミは超ラブラブだったりします。

あなたもきっと、二人のラブソングを歌ったことがありますよ。

実は、日本の国歌である「君が代」は、イザナキとイザナミのラブソングだという説があります。

「君が代」の「君」は、イザナキの「キ」とイザナミの「ミ」を合わせて、「キミ」だというんです。

そうすると、「君が代」の歌詞が一気にラブソングになります。

君が代は
（イザナキとイザナミ、君といる僕たち二人の世界は）
千代に八千代に
（千年だろうと八千年だろうと）
さざれ石の巌となりて
（小さな石が巨大な岩になるくらいの長い年月、ずっとずっと続くんだ）
苔の生《む》すまで

（さらにはもっと年月が経って、その岩に苔がつくくらいまで、ずっと続くんだよ。だから、ずっと一緒にいようね）

という歌なのです。（ラブラブー！）

軍勢を率いて戦争したり、何世紀も一緒にいようってラブラブだったり。

なんだか、本当に「自由」だなあと思いませんか？

このとらわれのなさが、日本の神様の素晴らしいところです。

そして、この「寛容の神」「許容の神」「自由な神」が祀られているのが「神社」。

神様は神社に来た参拝客に向けて「よく来たね、いいよ、いいよ」と言ってくれます。あなたがどんな人生を送ろうと、「いいよ、いいよ」と許してくれるのです。

そんな場所が神社。まずは、神社には寛容で自由な神様がいる、ということを覚えておいてください。

スピリチュアルな能力は誰にでもある

僕はチャネリング、ヒーリング、エネルギーワークなどの「スピリチュアルな能力」と、その能力を使ってお金に換える「現実創造能力」の二つを同時に教える「人気スピリチュアルマスター養成スクール」という学校の校長をしています。

その経験上、言えるのは「スピリチュアルな能力は誰にでもある」ということ。スピリチュアルな能力は、実は誰もが持っている。ただ、眠っているだけ、もしくは、本人もその能力を使っていることに気がついていないだけなのです。

ですが、スクールの中でこういう質問をよく受けます。

「先生はスピリチュアルな能力は誰にでもあると言いますが、私には見えないものを感じる能力が全くありません」

そんなとき、僕はこうお答えします。

「いえいえ、あなたにもスピリチュアルな能力はあります」

そう、この本を読んでいるあなたにも「スピリチュアル能力」はあるのです。

◎子供の頃は感じていた

例えば、子供の頃、目を閉じて頭を洗っていて、「怖い」と感じたことってありませんか？

どうして、怖かったのでしょうか？

それは「何かの存在を感じたから」。だから、「怖かった」のです。全く何も感じなかったら、怖さも感じないはずですよね。

このように、子供の頃は誰でも「目に見えない何か」を感じることができました。これはスピリチュアル能力の一種です。

では、私たちが子供の頃に頭を洗いながら感じていたものは、一体なんだったのでしょうか？

僕は、自然やその土地に棲む「精霊」が遊びに来たのだと捉えています。

スピリチュアル能力とは、「シャンプーのとき、怖かった」のポジティブバージョンのようなものです。

他の例を挙げましょう。

子供の頃、「なんで私はこの世界に生きているんだろう？」なんて、哲学的なことを考えたことはありませんか？

もし、あなたにそんな経験があるならば、それは自分が「魂」の存在だと自覚していたことになります。

子供の頃は、「自分」が肉体だけの存在ではないように感じていたのです。人間になる前の「魂の頃の記憶」が残っていたのですね。これも立派なスピリチュアル能力の一種です。

妊娠したことがある女性ならば、お腹《なか》の中の赤ちゃんの声がテレパシーのように伝わってきたこともあるでしょう。

言葉を介していないのに、相手の気持ちがわかる。これもスピリチュアル能力の一種です。

それから、ペットの気持ちがわかるという人もいますね。

最近では「アニマルコミュニケーション」という、動物とチャネリングする技術がとても注目されていますが、専門的な技術を学ばずとも、ペットの言っている言葉がわかる、という飼い主は多くいるでしょう。

ペットと言葉を介さなくても、テレパシーのように通じ合えるのもスピリチュアル能力の一種です。


また、神社や聖地などに行って、感動したり、心が震えたり、涙が出そうになったりしたことはありませんか？

神社にお参りをしたら、鳥肌が立ったり、眉間がじんじんしたり、頭が痛くなったり、手の先や頬、背筋に熱を感じたことは？　または、近くに人がいるかのような圧を感じたことはありませんか？

これらは「体感型」のスピリチュアル能力の一種です。

◎否定するから消えてしまう

このように、スピリチュアル能力は誰にでもあるのです。

ですが、多くの人が「私にはない」と自分の能力を否定しています。否定するから「消えてしまう」のです。

そう、「スピリチュアル能力」はあなた自身が封印してしまっている。

その要因は、子供の頃にあるようです。

友達に「あそこに何かいない?」って言ったら、「こいつ、ヘンだ」と嫌われてしまって、それ以来、自分の能力を封印してしまった、という人は少なくありません。

僕は、特段、テレパシーや神様の声が聞こえる子供ではありませんでしたが、自分自身の存在について、哲学的な問いを立てがちな子供でした(先ほどの「子供の頃は魂の記憶を覚えていて、自分自身に違和感を覚える」という例は僕の実体験を元にしています)。

子供の頃、僕は「なぜ、僕はここにいるんだろう」と常に疑問に思っていました。でも、そのことを友達に話すと、笑い物にされてしまい、「もう二度と人に話すまい」と固く自分に誓ったことをよく覚えています。

これはまるで、映画『アナと雪の女王』のようです。

主人公エルサは冒頭のシーンで、妹のアナと魔法の力を使って遊んでいたら、アナにケガを負わせてしまいます。そのことがきっかけで、エルサは自分の能力を封印してしまいます。

実は、多くの人がエルサと同じことをしています。

自分の感じたことを誰かに伝えたら、誰かに迷惑がかかったり、嫌われたり、バカにされたり、からかわれたり。こんな経験があると、持っている能力を自分の手で封印してしまうのです。

それは映画『となりのトトロ』にも表されています。

主人公のサツキとメイには森の聖霊である「トトロ」の姿がよく見えますが、父親には全く見えません。これは「子供心を取り戻すと、目に見えない存在が見えてくる」ことを表しています。

スピリチュアル能力は誰にでもあるもの。

それを思い出すだけで、あなたもスピリチュアル能力を使いこなすことができるようになるのです。

日本人はスピリチュアル能力が高い

特に、日本人はこの「目に見えない何か」を感じる能力が非常に高いのです。

僕の友人から聞いた話をしましょう。

イギリス人の方と話をしていたとき、こんな質問を受けたそうなのです。

「日本人って魔法が使えるんだって？」

友人は慌てて「え？　日本人は魔法なんて使えないよ！」と否定しましたが、こう言われたそうです。

「いや、聞くところによると、日本人は〝空気を読める〟らしいじゃない？　目に見えない空気を読むなんて、魔法以外の何物でもないよ」


確かに、日本人は「空気を読む」のが得意ですよね。

会社員の方であれば、オフィスのドアを開けた瞬間「うわ、今日の上司は機嫌が悪いな」なんて感じ取れた経験があるのではないでしょうか？（笑）

「空気を読む」というのは、あまりいい意味で使われないことが多いですが、言い換えると「見えない何かを感じ取る」ということですよね。

「空気を読む」ことができる日本人は、「見えない何かを感じ取る能力が高い」。すなわち、「スピリチュアル能力が高い」のです。

◎空気を読む＝場のエネルギーを読む

この「空気」のことを、スピリチュアル用語では「場のエネルギー」と呼びます。

あなたは「職場の場のエネルギー」と「家庭の場のエネルギー」の違いを感じ取れますか？

なんとなくわかればそれでOKです。言葉にはしづらいですが、職場には職場の、家庭には家庭の場の空気（エネルギー）がありますよね。

職場はやっぱりどこかピリッとした空気があり、物事をしっかりと進めていく緊張感がありますよね。

一方、家庭は職場に比べてリラックスした感じがあります。

もちろん、家事や、お子さんがいるご家庭は育児もしなくてはいけない。まったく何もしなくていいわけではありませんが、それでも職場の緊張感とは違いますよね。

私たちは無意識に、場のエネルギーを読み取りながら生活しているのです。

神社はあなたに「役割」を求めない

では、神社にはどんな「場のエネルギー」があるでしょうか？

神社には特有の澄み切った場のエネルギーがあります。ご神気（神様のエネルギー）が境内に漂っていて、静かで、優しくて、温かい空気感。早朝の神社は特に、凛《りん》として「気持ちがいいエネルギー」があります。

神社や神様のことは詳しくわからないけど、ただ、「気持ちがいい」からお参りします、という人は多いですよね。

それは、「気持ちがいいエネルギー」を感じ取っているからなのです。

では、どうして、神社のエネルギーはこんなにも心地がよいのでしょうか？

それは、神社はあなたに「何の役割も求めない」からです。

◎「場のエネルギー」は「役割」を求める

実は、「場のエネルギー」は「役割」を求めます。

職場に行けば、職場はあなたに管理者、もしくは従業員という「役割」を求めます。一方、家庭であれば、父、母、子供などの「役割」が求められます。

「キャラ」と言い換えてもいいかもしれませんね。

例えば、会社の社長さんだったら、職場は「社長キャラ」を求めますが、家庭では「父親キャラ」を求める、というように。

人は「場」によって、自分の中の人格を出したり、ひっこめたりしている。

「場のエネルギー」は知らず知らずのうちにあなたに「役割」、つまり、その場に即したキャラクターを演じることを求めているのです。

これらは人間が無意識にやっていること。ですが、ちょっと疲れます。

「役割」を演じていると、ありのままではいられません。「役割」を演じるのにも、労力がかかるのです。


一方で、神社はどうでしょうか？

神社はあなたにどういった「役割」を求めていますか？

特に何もありませんね。あなたが神社に行ったとして、あなたがすべきことは何もありません。

お参りせずに帰ってもいいですし、お賽銭《さいせん》だって強要されていません。鳥居をくぐって、ただぼーっとしていてもいいですし、ゆっくりひなたぼっこしていてもいい。

「あなたに何も求めない」のが神社なのです。


こう言うと、「いやいや公園だって何も求められませんよ」と言う方もいると思いますが、公園と神社では大きく違うことがあります。

それは、神社には「神様が祀られている」ということ。

でも、神社の神様は、あなたに何も求めません。正しく生きなさいとか、親の面倒をみなさいとか、努力しなさい、頑張りなさいなんて言いません。

神様は何も求めずに、ただ見守ってくれている。ただ見守って、あなたに愛を注《そそ》いでくれる場所。それが神社です。

◎神様の無条件の愛で「あるがまま」に戻る

神様の愛は「無条件の愛」です。

「仕事、家族、パートナー、もしくは参加している集団・団体などの役割を全てきちんと行ったら、私はあなたに愛を与えましょう」

これは「条件付きの愛」。神様は条件なんかつけません。

「私（神様）は、あなたが何もしなくても、あなたに愛を与えましょう」

神社はこの、神様の「無条件の愛」で満ちています。

だから、あんなにも気持ちがいいんです。だから、神社に行くと穏やかになれるのです。気持ちが優しくなれるのです。

神社は、私たちがただ「あるがまま」でいられる場所。

「あるがまま」は、人間がもっとも純粋でピュアな状態であり、かつ、もっともパワフルな状態です。

赤ちゃんを想像してください。おぎゃあおぎゃあと力強く泣いて、とってもパワフルですよね。それでいて、ニコッと笑うと、こちらが心の底から癒やされる。あれが、人間が本来持っている「あるがまま」のパワーです。

ですが、私たちは大人になるにつれて、純粋無垢《むく》なパワフルさを忘れてしまいます。

それは社会が私たちに「役割」を求めるから。「役割」によって私たちは本来の力を目減りさせてしまっているのです。

神様の「無条件の愛」のもとで、「あるがまま」の純粋無垢なパワーを思い出し、心身ともに「自由」になる。

「神社」にはそんなエネルギーがあるのです。

第3章

「龍」とは何か？

「龍」との出会い

第2章では「神社の役割」について、お伝えしました。

きっと、皆さんの中で「神社」の捉え方が変わったのではないかと思います。

さて、ここからはいよいよ本書のテーマである「龍」についてお伝えしていきます！


まずは、僕がどのように「龍」と出会ったのかについて、ご紹介しましょう。

「はじめに」でも書きましたが、僕は少し前まで会社員をしていました。

頑張っても、頑張っても収入は上がらないし、残業は増え続けて、やりたいことなんて一つもできない。ただただ、会社に与えられた「役割」を必死にこなす、会社に飼い慣らされたモルモットのような人生でした。

「制限」だらけの生活に耐えられなくなった僕は、うつ病を発症。会社を辞めて心身のケアのために、日本全国の神社・仏閣を参拝してめぐりました。

「制限」の汚物がびっしりとくっついていた体は、神社・仏閣のエネルギーにより、しだいに解けていきました。

そして、決定的な出来事が起こったのです。

そう、「龍」との出会いです。

◎高野山で出会った「龍」

僕が生まれて初めて「龍」を見たのは、高野山の奥之院という場所でした。

詳しくは202ページで書いていますが、お堂の中にどっしりと横たわる「龍」を、この目で確かに見たのです。

ゆらゆらとまるで蜃気楼《しんきろう》のように漂う龍。

あまりのことに、僕はしばらくその場に呆然《ぼうぜん》と立ち尽くしました。いよいよ頭がおかしくなったのだと思いました。

お参りを終えた後、近くに「龍神温泉」という場所があることを知りました。龍を見たのだから、きっと龍とのご縁が近くなったのだろうと思い、予定を変更して行ってみることにしました。

「龍神温泉」の露天風呂の目の前には雑木林がありました。

温泉につかりながら、ぼーっとその林を見ていると、なんと、その林の上にも龍が見えたのです。

目の前の林の上を覆うように大きな龍が、ゆったりと空を飛んでいました。

そのお顔は心なしか、笑っているように感じられました。

あまりの奇妙な出来事に、現実を直視することができず、思わず笑ってしまいました。人は頭がおかしくなると笑い出すようです。もしくは、龍が笑っていたので、僕も龍につられて笑ったのかもしれません。

なぜ、あのとき、龍が見えたのか？

いま思えば、うつ病になったことで、脳内の何かしらの機能が変異を起こしていたのだと思います。


僕はこの出来事を他人に言うか、言うまいか、1ヶ月以上悩みました。

当時、すでに神社などに関するブログを始めていたので、龍と出会ったことを発信してもよかったのですが、そんなことをしたら「龍の罰が当たるんじゃないか？　龍が怒るんじゃないか？」と考えたのです。

そこで僕は、龍のことをブログやSNSで発信していいか、全国の龍がいる神社に行ってお伺いを立てることにしました。

一つ一つの神社で心を込めてお参りをして、「私が龍のことを発信してもいいですか？」と尋ねました。

すると、どの龍神様も「いいよ、いいよ」とメッセージをくれました。

メッセージというのは、テレパシーのようなものです。当時の僕は、神社をめぐることによってスピリチュアル能力が少しずつ開花していたので、受け取ることができました。


許可を頂戴した僕は、毎日ブログで龍のことを発信し始めました。

そのうちに不思議と、心も体もどんどん自由になっていきました。

後述しますが、龍のエネルギーに触れるだけで、人は元気になります。

龍のことを考えたり、人に話したり、龍がいる神社に行ったりするうちに、いつの間にか、うつ病も治っていました。

改善したのは心持ちだけではありません。現実世界も大きく変化しました。かねてからの夢であった本の出版が決まったのです。

それが初の著書『夢をかなえる龍』（光文社）です。全国で出版記念講演会を開催すると、のべ約1000人もの方が訪れてくださいました。

さらにはその勢いに乗って、アメリカや中国でもセミナーを開催することに。夢の海外進出を果たしたのです！

「制限」だらけだった人生が、龍との出会いにより「自由」になった。

龍は人間の「制限」を外し、「自由」にする力を持っている。龍は「自由」の象徴なのです。

僕の周囲でも、龍の力を借りて、会社を辞めたり、新しい事業を産み出したり、自由になっている人がたくさんいます。

◎龍は「自由」の象徴

「水の神様」として祀られてきた龍

もう少し、龍について詳しく見ていきましょう。

「龍」とは、どんな存在なのでしょうか？

龍は日本では太古の昔から「水の神様」として、お祀りされていました。

京都の貴船《きふね》神社にお祀りされている高龗神《たかおかみのかみ》は、日本神話に登場する龍神です。

前章でイザナキが火の神様カグツチを斬り殺したストーリーを紹介しましたが、そのカグツチの血から生まれたのが、高龗神。「火」の神様の「死」から生まれた神様が龍神なのです。「火」の「死（反対）」は「水」ですね。

高龗神は、火の神様カグツチとは対照的に、雨を降らせたり、止《や》ませたりする水の神様として、古くから祀られてきました。雨乞いの儀式などで龍を呼ぶようなことをしていた地域もあったようです。

神社に行ったときに、お賽銭箱の前でふと見上げると、龍の木像が目に入ったことはありませんか？

木造の神社にとって火事は天敵。昔は現代ほど消防体制は整っておらず、消火ホースもハシゴ車もありません。火がついたら、敷地内にある全ての建造物が燃えてしまいます。

そこで、昔の人たちは、神社の建造物に水の使いである「龍」を彫りました。木造建築物に水の神様である龍を彫り込むことで、火災から免れると考えられていたのです。

龍は「高次元」の存在

龍は「高次元」の存在です。

「高次元」とは、簡単に言うと「非物質」。「非物質」も難しいですね（笑）。

「非物質」とは物質的ではない、つまりは「目に見えない存在」のことです。

代表的なのは神様、天使、精霊、ユニコーン、宇宙存在……などなど。こういった存在が「高次元」の存在です。「高次元」という言葉はこの後、たくさん出てくるので、ぜひ覚えておいてください。

反対に、物質的であることを「低次元」と言います。

僕たちは肉体を持つ生命体なので、龍よりは「低次元」の存在です。

目に見えない存在　＝　高次元の存在

目に見える存在　＝　低次元の存在

便宜上、「高い」「低い」という言葉を使っていますが、「神様が上、人間が下」と序列をつけるものではありません。

◎龍は身近な「高次元」の存在

龍は「高次元」の存在の中でも、とりわけ「低次元」の私たち人間にとって身近な存在です。神様よりも身近な存在かもしれません。

例えば「十二支」。子《ね》丑《うし》寅《とら》卯《う》……の十二支の中で唯一、「高次元」の存在として含まれているのが「辰《たつ》（龍）」です。十二支の中に猫はいないのに龍は入っている。それだけ私たちにとっては身近な存在です。

また、「龍」は人の名前に入ることもあります。「龍」「龍一」「龍二」「龍太郎」など、「龍」という文字がつく名前の人はたくさんいます。しかし、「神一」や「天使太郎」「精霊二郎」という名前の人はいそうにありませんね。

龍は太古の昔から人々を応援し、見守り、力を貸してきました。だから、高次元の存在の中でも人間に近い存在なのです。

「龍」の五つの姿

「龍」は自由自在なので、さまざまな場所にさまざまな姿として現れます。

どこからが川でどこからが海かを厳密には区別できないように、龍もまた区別をつけることが難しい存在。

ですが、あえて区別すると、龍の姿は大きく分けて次の五つです。

①自然龍
②守護龍
③宇宙龍
④人間の中にいる龍
⑤人＝龍

「龍」の五つの姿　①自然龍

「自然龍」とは自然の中にいる龍。森や川や海や湖や洞窟に棲む龍です。

昔の人はさまざまな自然の中に龍を見ていました。世の「龍神伝説」に登場する龍や、神社にいる龍もこのカテゴリーに含まれます（僕が高野山・奥之院で見たのも、龍神温泉の雑木林の上に飛んでいたのも自然龍）。

「自然龍」はその場にとどまって、その場所を護《まも》るのが仕事。また、その場所を訪れた人に龍のエネルギーを渡してくれます。

もし、神社を訪れたときにびゅ〜っと風が吹いたら、それが「自然龍」です。

「龍」の五つの姿 ②守護龍

「守護龍」は人を見護り、手助けをする龍。「自然龍」よりも、もっと人の近くに存在します。「自然龍と何が違うの？」と疑問に思うかもしれませんが、「霊」と同じ要領で考えてもらえばいいと思います。

「霊」は人の霊だけでなく、自然の中にもいます。木々の「霊」のことを「木の精霊」や「木霊《こだま》」、水辺にいる精霊のことを「水の精霊」と言います。

一方で、人のことを守っている霊もいる。「守護霊」と言いますね。

「精霊」と「守護霊」の関係が、「自然龍」と「守護龍」の関係だと思っていただければ結構です。

「守護龍」は常にその人を応援し、成長を見守っています。求めることはただ一つ。守護している人が自分の才能を最大限に生かして、望む未来を現実にすること。愛に溢れた、幸せで豊かな人生を送ることです。守護龍には守護する人の未来が大体わかっていて、その人が望む未来に到達できるように導こうとします。本人が本気になれば、守護龍は人知を超えた奇跡を起こして、現実を大きく変えてくれます。

本人があまり乗り気ではないときは、ただ見護るのみ。守護龍はあなたの人生の「後押し役」。人生を引っぱっていってくれるリーダーではありません。だから、守護龍に力を借りたいときは、自分が率先して動かなくてはならないのです。まずは「直感」に従って行動してみましょう。

◎「守護龍」は一人につき「一柱」

龍は神様同様、「柱《はしら》」と数えます。守護龍は一人につき「一柱《ひとはしら》」、必ずお護りしています。もちろん、あなたにも守護龍はいます。

僕は高野山・奥之院で龍を見てから、他人の守護龍が見えるようになったのですが、いままで守護龍がいなかった人はいませんでした。

守護龍は大体その人の頭上にいて、様々な表情をしています。

笑っている龍、しっかり者の龍、威厳のある龍、時には関西弁でコミュニケーションを取ってくる龍もいました(笑)。

さらに僕は、守護龍と人間のエネルギーをつなぐことができるようになり、その技術を*「神護《しんご》流・龍つなぎ」という独自の個人セッションで行うようになりました。

「神護流・龍つなぎ」は、とてもマジカルなセッション。人によって全て内容が違い、龍とつながると現実がくるくると面白いように変わります。

ありがたいことに3ヶ月以上予約がいっぱいな状況が長期にわたり続いたため、いまは新規の方はほとんど受け付けていません。

ただ、少人数のイベントのときにわずかに受け付けることがあります。もし、機会がありましたら、お声がけくださいね。


*「神護流・龍つなぎ」は僕のオリジナルのセッションの名称です。他の方が行っている「龍つなぎ・龍つけ・龍結び」などは内容が全く異なりますので十分お気をつけください。

守護龍の「色」と「得意分野」

守護龍の色は様々です。ここで守護龍の色と、その得意分野について整理しておきましょう。

金龍

お金と次元上昇の龍。人の役に立つことが大好きな龍です。人前に立ったり、カリスマになる人につくことが多いです。エネルギーの浄化の力が強いので、金龍がついている人のそばに行くと元気になります。芸能人や歌手、アーティストなど、その気質の人についています。

白龍

知恵と霊性の龍。スピリチュアルな能力が高い人につくことが多いです。そして、いま地球のアセンションの中心となっているのが白龍です。優しく、愛情深く、地球全体がスピリチュアルな星になるための手助けをしています。サイキックやチャネリングを生業《なりわい》にする人、もしくはその勉強中の人についています。

黒龍

覚醒と現実創造の龍。黒龍はその人が隠している能力を、ドカンと表に出してきます。ですから、この黒龍がついている人に触れると、人生が大きく変わることが多々あります。また、現実創造も得意なので、人生が１８０度変わってしまうようなパワフルさがあります。経営コンサルタントや自己啓発リーダーについていることが多いです。

赤龍

情熱とチャンスの龍。赤龍はマグマのように燃えたぎる情熱を引き出します。赤龍がついている人はとにかく前向きでガンガン前に進んでいきます。赤龍がついている人に触れると、こちらまで何かを始めなくてはならないような気がしてきます。チャンスやご縁をたくさん運んでくれる龍でもあります。

緑龍

安心と癒やしの龍。龍といえば緑のイメージ。それは古来の物語では、龍は緑色で描かれていることが多いからです。それだけ私たちの潜在意識に入り込んでいる緑龍には、懐かしい場所に帰ったかのような安心感があります。また、傷ついた気持ちをゆっくりと癒やしてくれる存在でもあります。セラピストさんやカウンセラーさんについていることが多いです。

青龍

前進と循環の龍。龍は水の神様です。その水の要素を一番持っているのが、この青龍です。一直線に前に進む力があるので、愚直に真面目に実行する人についている可能性が高いです。また、水のように循環させる力があるので、ネガティブなエネルギーを流したり、癒やしたりする力もあります。ヒーラーさんや、ナースの方についていることが多いです。

紫龍

リーダーシップと統合の龍。赤龍の「情熱」と青龍の「愚直さ」を併せ持つ紫の龍は、人を率いる人についていることが多いです。両極端のバランスを取るのがうまく、矛盾したことをうまく消化させて自分の能力に変えてしまう、胆力が強い人についています。また、高次元と低次元の両方のエネルギーをうまく使いこなし、幸せだけでも、成功だけでもない、よりよい人生を現実世界で生み出すことに長けています。

虹龍

バイタリティと奇跡の龍。全てのエネルギーを持っている虹龍がついている人は、何でもできる人です。超人的になんでもやっちゃえるので、みんなの憧れのマト。また、虹龍は奇跡を起こします。この龍がついている人は、本人もなぜこんな現実が起こっているのかわかりません。なぜか知らないけど、そうなっちゃった、というケースが非常に多いです。バイタリティがあるインフルエンサーや、フリーランスで働く人に多くついています。

龍の色は、守護する人の成長度合いにより変わることがあります。色が変わっても同じ龍です。光が角度に応じて、赤に見えたり緑に見えたりするように、違う側面が前面に出ることによって、色が変わります。

また、白龍なのだけど、赤いオーラをまとっていたり、金龍なんだけど、白いベールのようなものをまとっている龍もいます。

それは、周囲のオーラなどのエネルギーが、違う色のエネルギーを含んでいるため。白龍でスピリチュアルなエネルギーが高いのだけど、熱意と情熱もある、というように色彩が混ざる場合があります。

また、この守護龍の色と先述した自然龍の色はおおむね同じだと考えてください。

どんな龍が自分についているかは、自分のインスピレーションが参考になります。「私には白龍がついているかな？　金龍かな？　それとも黒龍かな？」と考えて、ピンとくる龍があなたの守護龍の可能性が高いです。

「龍」の五つの姿　③宇宙龍

「宇宙龍」とは、宇宙創生の龍。私たちが生きているこの時空を創造した龍のことです。

龍のことを発信していくうちに、僕は「龍がこの世界を創った」という神話が各地に残っていることを知りました。

◎各地に残る「宇宙龍」の伝説

まず日本ですが、沖縄には、この宇宙を創り出したのは天龍《てんりゅう》大御神《おおおんかみ》と天久《あめく》臣乙女《しんおとめ》王御神《おうおんかみ》という二柱《ふたはしら》の夫婦龍だったという伝説があります。

天龍大御神は「お父さん龍」、天久臣乙女王御神は「お母さん龍」と呼ばれ、沖縄では宇宙を創った龍の夫婦とされています。

『古事記』でもイザナキとイザナミが、まだどろどろだったこの宇宙を、矛で〝ぐるぐる〟とかき混ぜることで、「おのころ島」（自ずから転がる島＝自転する島

＝地球）を創ったとされています。

この宇宙創生の〝ぐるぐる〟というエネルギーが「龍」だったという説があります。

さらには世界に目を向けると、マヤ文明の創造神にククルカン（別名：ケツァルコアトル）という神様がいます。羽を持つ蛇の姿をしているのですが、その姿はどう見ても龍。マヤ文明の神様も龍なのです。

また、これは僕の感覚ですが、神社などの高い波動の場所（高次元のエネルギーが充満している場所）に行くと、宇宙が龍によって創られている様子が映像で見えてきます。

ですので、僕自身はこの世界は龍が創ったのではないか、という仮説を持っています。ただ、先に述べたように、神話にも龍と宇宙の創造が関わっているので、あながち僕一人の妄想ではないのではないかと考えています。

「宇宙龍」は、第5章でご紹介している「スピリチュアル能力」カテゴリの神社に行くと、感じられるかもしれませんよ。

「龍」の五つの姿　④人間の中にいる龍

実は、私たちの「体」の中に存在する龍もいます。

人間の肉体には、「チャクラ」と呼ばれる七つのエネルギースポットがあり、胸の中心にある「ハートチャクラ」は高次元の世界につながっています。

私たちはハートの中心で無意識のうちに、龍や天使や神様が存在する高次元の世界と情報のやり取りをしているのです。

そのハートチャクラにあるのが「魂」。実は、私たちが生きる低次元の世界から、高次元の世界につながる道に横たわる「扉（ゲート）」のような役割をしています。

「魂」は神社や聖地などの、高次元のエネルギーが充満している場所に行くと活性化します。すると、高次元の世界にいる龍が、私たちの体に影響を及ぼすことがあるのです。

◎体内の龍とつながった話

沖縄の「久高島《くだかじま》」という島に行ったときの話です。

久高島は「神の島」と呼ばれる沖縄の聖地。イシキ（伊敷）浜という場所で瞑想をしていると、変性意識（頭がぼんやりとした、いわゆるトランス状態のこと）になりすぎてしまい、意識がふっとびました。

僕の「魂」は一気に活性化し、魂にある低次元と高次元をつなぐ「ゲート」が全開になった。すると、僕の体内から龍が出てきたのです。

僕は龍に乗っ取られるような形になり、浜辺に倒れました。龍は凄《すさ》まじいエネルギーで僕の体の細胞を全て浄化していきました。

僕は5分ほどして、自然と平常心を取り戻したのですが、龍が高次元の世界に帰った後、いままで感じたことのないような幸福感が体中をめぐりました。

すっきり爽快！　まるで生まれ変わったかのような感覚でした。

また、僕の意識が高次元の世界に行ってしまったこともありました。

イシキ浜では、高次元の龍が低次元の私たちの世界に「来た」のですが、今度は低次元の僕が高次元の世界の方に「行った」のです。

高次元の世界には、たくさんの龍がいました。赤、白、緑、金色など、とてもカラフルな龍が、何柱も空を飛んでいたのです。

僕はその瞬間、「ここが龍の国なんだ」と理解しました。

ある方に、「龍の国」という場所があることは聞いていましたが、それが体の中にあるとは知りませんでした。

「龍の国」は、低次元と高次元の世界をつなぐ「魂のゲート」を開くことで、行ったり来たりすることができます。

ただし、お隣さんの家にお醤油《しょうゆ》を借りに行くように、手軽に行き来できるものではありません（僕もそんなに何度も行き来しているわけではありません）。

魂が活性化し、魂のゲートが全開になり、変性意識になった状態で、かつ、運が良ければ、龍の国に行けると思ってください。

少し難しい話をしてしまいましたが、ここで伝えたいのは「体の中に龍がいる」という事実です。

龍が出てきたり、龍の国に行ったりすることは、一般的にはあまりないこと。なので、龍に体を乗っ取られたらどうしよう、などと心配しなくても大丈夫ですよ。

「龍」の五つの姿　⑤人＝龍

龍のことを発信し始めてから、不思議な人に出会うようになりました。

「私は、自分が龍だと思っているんです」

自分のアイデンティティを「龍」だと思っている人が何人もいたのです。

これには最初びっくりしましたが、スピリチュアルな業界にいると、本当に不思議な人たちに出会います。

例えば、自分が宇宙人だと思っている人、宇宙に行って帰ってきた人、何度も死んであの世を見て帰ってきた人、男女の行為を全くしていないのに妊娠して出産した人……そういう方がたくさんいらっしゃいます。

そんな中にいたので、ある日、僕はこう思うようになりました。

「僕も龍なのでは？」

最初は自分でも半信半疑でしたが、だんだんと確信に変わっていき、あるときから「僕は龍です」と言うようになりました。

海外で活動するときは「ＳＨＩＮＧＯ　ＲＹＵ」と名乗っています。

あまりにもぶっ飛び過ぎていて、読む人によっては引いてしまう内容かもしれません。

ですが、あなたも龍である可能性があります。

ちょっと試しに、こう唱えてみてください。


「私は龍です」

「私は龍です」

「私は龍です」


実際に口に出してみないと、効果測定になりません。ただ、心の中で唱えるのではなく、声に出して言ってみてください。

どうでしょう？ 心や体に何らかの反応がありますか？

頭がぼーっとしたり、手がビリビリしたり、胸の中央が熱くなったり、痛くなったり。人によっては涙が出るかもしれません。

心身に何らかの反応が出たならば、あなたは「龍」なのです。

◎全ての龍に共通する特徴は「自由」

ここまで、五つの龍の姿についてご紹介しました。

このように、龍には様々な性質や種類がありますが、先に申し上げた通り、水の性質を持つ龍は厳密には区切れません。あえて、わかりやすいように性質を区切るとすればこうなりますよ、ということです。

ただ、全ての龍に共通する特徴は「自由」です。

自然を悠々と飛び回り、人を守護して最高の自由を与え、宇宙創生の源となり、高次元の世界にいて、さらに人間が人間であるという概念を飛び越えて存在する。そんな自由の象徴が「龍」なのです。

龍の力① 生命力・活力をアップさせる力

龍は私たち人間にたくさんの「力」を与えてくれます。

水を司《つかさど》る龍には、人間に対して六つの力があると言われています。


一つ目は、「生命力・活力をアップさせる力」。

古来、龍は「力の象徴」として、力士や経営者などにも愛されてきました。それは、龍には、自分の生命力や能力を増幅させる力があるからです。

私たちの肉体の50〜75%は水でできていると言われています。体内の水が減少すると、体の機能は低下。夏場に水分を取らずにいると脱水症状になり、最悪の場合、死に至ります。「水」は私たちの生命の源です。

さらに、私たちが住んでいる地球は「水の惑星」。他に、これほど水が豊富な惑星はありません。地球には水があるから、動物や植物が繁栄したのです。

「水」は、生命には欠かすことができない存在。ですから、「水」を司る龍には生命力をアップさせ、パワフルなエネルギーにさせる力があります。

龍がお祀りされている「神社」に行くと、龍の力で元気になりますよ。

龍の力②　何にもとらわれず、自由自在に生きていく力

二つ目は、「何にもとらわれず、自由自在に生きていく力」。

水はどんな姿にも形を変えます。山の上からごつごつした岩肌を流れていき、あるときは濁流となり、あるときはせせらぎとなり、またあるときは滝となり、そして、大海原に出ていく。

ひとときとして、同じ形、同じ場所にとどまることがありません。

また、熱すれば「水蒸気（気体）」となり、冷やせば「氷（固体）」になる。これほど自由に形を変える存在は、地球上には水をおいて他にないでしょう。

先ほど「龍は自由の象徴」だと言いましたが、その根拠はこの「変幻自在」な水の性質にあります。

龍の力③　制限的な考え方、邪気を浄化する力

三つ目は、「制限的な考え方や邪気（いらない気）を浄化する力」。

過去のわだかまりを「水に流す」という表現をしますが、龍はあなたの心にあるトラウマや、あなたによりついている邪気を「水に流して」くれるのです。

僕はこの龍の力を使った「ドラゴンヒーリング」というヒーリング技法を開発し、自分のスクールで教えています。

以前、僕のＹｏｕＴｕｂｅチャンネル「龍ＴＵＢＥ」で一斉遠隔ドラゴンヒーリングをしたところ、大反響がありました。

「涙が止まりませんでした」「悩みが吹き飛びました」「自信が持てるようになりました」「お金が入ってきました」などの報告を多数いただきました。

なかでも驚いたのは「ドラゴンヒーリングを受けた翌日に、彼氏からプロポーズを受けました！」というご報告。これはとても嬉しかったですね。

龍は人間の「わだかまり」を取り除くことができます。龍に触れるだけで、人間はあるがままの姿に還っていくのです。

お金が入ってきたり、プロポーズを受けたりしたのは、龍のエネルギーによって、その人の無意識にある制限的な思い込みや、邪気が取り除かれたから。不要な考え方やエネルギーを手放したことで、新しいエネルギーが入ってくる「空間」ができ、そこにすぽっと入り込むように「望む未来」が引き寄せられたのです。

制限的な思い込みや邪気が取り除かれると、生きるのがとても楽になります。龍はその姿からパワフルな存在だと思われがちなのですが（もちろんそれもありますが）、人の過去の傷を優しく癒やして、再び元気な姿にする「ヒーラー」でもあるのです。

龍の力④　豊かさを循環させ、お金を呼び込む力

お金持ちの家には大体、龍の置物や絵などが置いてあります。それは、古くから龍は「富の象徴」であったからです。よって、家に龍の置物や絵などを置いておくと、お金がどんどん流れ込むと信じられてきました。

水の神様である龍には、お金を流れさせる力がある、これが四つ目です。物とお金の流れのことを「流通」と言いますが、龍はお金を水のようにどんどん循環させる「龍通」を担ってくれます。

◎龍の力で「金運」バクアゲ！

僕の体験談を話しますと、2019年12月末にふと入った開運グッズショップで買った金龍の置物を、2020年の元旦に自宅に飾ったところ、収入が急上昇。前年の10倍近くの収入となりました。

初めて「金運」というものの存在をしっかりと認識した瞬間でした。

龍は「金運」を呼び込み、「金運」をバクアゲしてくれる存在なのです。

ウォーキングドクターとして著名なデューク更家《さらいえ》さんは、現在、超一流セレブしか住むことが許されないモナコにご自宅を構えていらっしゃいます。

その超お金持ちであるデューク更家さんも、龍の力を使ってお金を呼び込んだとおっしゃっています。

ご自身の龍との体験を記された『お金持ちになれたのは龍のおかげ』（宝島社）という本でご自宅を公開されているのですが、所狭しと龍の置物が置かれています。やはり、龍はお金を大量に呼び込んでくれるのでしょう。

また、納税日本一で有名な銀座まるかんの創業者・斎藤一人《ひとり》さんも、龍に関する著書を出されています。

『龍が味方する生き方』（マキノ出版）によると、斎藤一人さんは龍に味方してもらったので、成功の上の大成功（自分でも予想していなかったほどの成功）を成し遂げたのだそうです。

◎ 龍の力で「お金」を呼び込む方法

私も龍の金運上昇の力を使いたい！

そう思った方のために、誰でも簡単にできる方法をご紹介しましょう。

それは、「龍の置物」を自宅やオフィスに置くことです。

色はやはり金運を司る「金龍」がいいでしょう。置き場所は特にこだわらなくて大丈夫。自分が一番目につく場所に置いてください。

ちなみに、置物の龍がよく手に持っている玉は「如意宝珠」です。これは願いを叶《かな》えてくれる玉。龍がこの玉に持ち主の願いを込めて、天に届けてくれると言われています。

また、龍の置物は9体集めるといいと言われています。

仲間を集めると、龍が総出であなたの夢を叶えてくれます。僕の自宅のリビングにはもちろん、9体（それ以上！）の龍の置物が置いてあります。

水の使いである龍は、水があると活躍してくれますので、龍には毎日水をあげてください。銅製の水を入れる小さなコップ状のものがありますので、そちらに水を入れて毎日取り替えます。

そして、龍の置物の前で「いつもありがとうございます」とご挨拶します。龍に対する愛情を表現するのです。

それから、「金運龍如爆上《きんうんりゅうじょばくじょう》」と3回唱えてください。

これは僕が龍から教えてもらった、金運を龍のごとくバクアゲする真言（マントラ）です。言葉には言霊といって、エネルギーが宿るので、唱えるだけで現実が変わる作用があります。

この金運がアガる魔法の呪文は、いつ唱えても大丈夫です。お仕事の間でも、ランチのときでも、夜寝る前でもいつでも唱えてください。

◎お金は「愛」

お金とは「愛」。愛は誰しもが持っている最大のパワーです。

愛は枯渇することがありません。誰も傷つけません。愛は誰かを元気にし、誰かを幸せにし、誰かを成功させます。

その人間が持っている最大のパワーである「愛」が他人に届くと、それが数値となって自分に返ってきます。その数値が「お金」です。

そう、「お金」とは「愛を数値化したもの」なのです。

もちろん、「怒り・悲しみ・騙《だま》す」などの行為をして、お金を得ることもできるでしょう。ですが、龍は自由と愛の象徴です。その龍の力を使うと、愛でお金を呼び込むことができます。

だから、龍の力を使うと「お金はあるけど不幸」という状況を免れることができるのです。

つまり、龍と一緒にいると「幸せなお金持ち」になれるのです。


先に挙げたデューク更家さんも、斎藤一人さんも幸せなお金持ちです。

そして僕も、ありがたいことに借金まみれの無職から、3年で幸せなお金持ちになりました。

龍のおかげで、僕は幸せですし、僕の周りの人たちも愛がいっぱい。龍はハッピーマネーを連れてきてくれるのです。

龍とお金についてもっと知りたい方は、拙著『お金を呼び込む龍』（光文社）にとても詳しく書きましたので、そちらも併せて読んでみてください。

龍の力⑤　幸運やチャンスの流れを呼び込む力

チャンスが来たときに「流れが来た！」と表現することがありますが、この「流れ」というのも龍（流）のエネルギーの力。これが五つ目です。

龍は幸運やチャンスを呼び込んでくれます。ときには信じられない奇跡のような出来事も起こします。

龍の御加護を受けながら、人生のステージを大きくアップさせることを「龍の背中に乗る」と言いますが、僕はまさに「龍の背中に乗って」人生を大きく飛躍させました。

◎龍が起こしてくれた奇跡

僕には「いつか海外でセミナーを開催したい」という夢がありました。

ある日、その夢をブログの記事にしました。タイトルは「Road to the World!」。海外にコネもなければ、ツテもありません。英語もぜんぜんしゃべれません。海外に出て、現地の人たちに龍のことを伝えたい、という熱意だけをただただ綴《つづ》ったブログでした。

その数ヶ月後、僕は大阪にいました。とある大規模スピリチュアルイベントに出演する予定で、下見のために前日入りしていました。

イベント会場で翌日僕が立つステージを確認していると、その脇で物販ブースを運営している男性と目が合いました。

彼は、スピリチュアル能力が高まるロッド（杖《つえ》）を販売しているアメリカ人でした。

素敵な雰囲気を醸していたので、カタコトの英語で話しかけてみることに。

言っていることはよくわかりませんでしたが、バイブレーション（波動）で意気投合し、僕は自分がかねてから胸に抱いていた夢を彼に語ってみました。

「僕はいつかアメリカで講演をしてみたいんだ」

すると、このアメリカ人男性はニッコリと笑ってこう言いました。

「僕はアメリカのスピリチュアルイベントのオーガナイザー（運営者）だよ」

一瞬、呼吸が止まるかと思いました。

なんと、彼はアメリカのスピリチュアルイベントの運営責任者だったのです。

つまり、彼が僕に講演家として出演のオファーをしてくれれば、僕はアメリカのスピリチュアルイベントの舞台に立てるということ。

夢の海外進出が果たせるのです！


こんなことある？

いや、これが龍の力だ。龍がいま、目の前を通り過ぎているのだ。

龍の背中に乗るしかない！


そう思った僕は、アメリカ人男性にこう伝えました。

「明日、僕のセミナーがここであるから、ぜひ見に来てほしい。そして、そのセミナーがいいと思ったら、どうか僕を講演家としてアメリカに呼んでほしい」

その半年後、僕はアメリカの地に立っていました。第1章で書いたアメリカの聖地「シャスタ山」という場所です。

シャスタ山で行われた「Avatars of the earth gathering（地球上にいる神の化身たちの集まり）」というスピリチュアルイベントにおいて、現地アメリカ人に龍のセミナーを三日間行いました。

現地の人は龍が大好きで、僕のセミナーをとても楽しんでくれました。僕に会うために300キロも離れたところから車で来てくれた男性もいました。

参加者のアメリカ人男性からは「You are the grand general of dragons!（あなたは龍の大将軍だね！）」と大絶賛を受けました。

こんな未来が来るとは夢にも思いませんでしたが、全ては「龍」のおかげ。

龍は「SHINGO」を大阪のイベントにおいて、アメリカ人男性と出会わせる」という「シンクロニシティ」を使って、僕を導いてくれたのです。

「シンクロニシティ」とは、龍が起こす信じられないような偶然のこと。もともとは「奇妙な偶然の一致」という意味で使われていましたが、最近では「神様や龍が起こしてくれたサイン」という意味で使われるようになりました。

このように、龍は願いを放てば、その背中に乗せて、とんでもない場所に連れて行ってくれるのです。

読者の方の中には「そんな奇跡みたいな出来事は起きない」と憂えている方もいるでしょう。

僕も最初はそうでしたが、地道に「あること」をしていました。だから、こんなにもすごいシンクロニシティが起こるようになったのです。

あなたにも「奇跡の起こし方」をお伝えしますね。

それには「龍を育てる」ということをします。

すると、「シンクロニシティ」がどんどん大きくなっていきます。反対に言うと、「シンクロニシティ」は最初はとても小さいのです。

◎奇跡を起こす「龍の育て方」

「龍を育てる」とは、具体的には「小さい幸運」をたくさん集めることです。

そして、その幸運を毎回、龍に感謝するのです。

「満車の駐車場がタイミングよく1台空《あ》いた。龍さん、ありがとう！」
「タクシーがナイスタイミングで来てくれた。龍さん、ありがとう！」
「車のゾロ目を見た！　龍さんありがとう！」

このように、自分の身の回りにある幸運を、たくさんたくさん数えて、集めて、龍のはからいに感謝する。

すると、だんだんと大きなシンクロニシティが現れます。

例えば、こんな感じです。

「新車を買い替えたら、たくさん値下げしてくれた。龍さん、ありがとう！」

「ホテルがグレードアップされてスイートになった。龍さん、ありがとう！」

「新しく始めた事業が軌道に乗った。龍さん、ありがとう！」


僕も最初はこういった小さな幸運を集めて、龍に感謝することから始めました。その後、海外進出という「特大の奇跡」が起こったのです。

「龍を育てる」のはとっても楽しいですよ。

僕はゲーム感覚で行うことをおすすめしています。

頭の中に「龍神スタンプカード」という架空のカードを用意しておき、小さなシンクロニシティが起こるたびに、「スタンプ、ぽん！」と押すイメージをするのです。

そして、そのスタンプがたくさん溜まったら、「ポイント10倍」みたいな感じで大きなシンクロニシティが起きてくれる。

スタンプを溜めれば溜めるほど、「おトクなシンクロが起こります！」みたいに、楽しみながらシンクロニシティを集めていくのです。

気がついたら、信じられないような奇跡が起こりますよ！

龍の力⑥　魂を覚醒させて、眠れる遺伝子をオンにする力

筑波大学の村上和雄名誉教授は『スイッチ・オンの生き方』（到知出版社）の中で「人間の遺伝子の98％は眠っていて、潜在能力が引き出せない状態」であると言っています。

つまり、私たちは、人間が潜在的に持っている能力のほとんどを発揮できていない。パソコンでたとえると、「スリープモード」の状態です。

◎古代人は「覚醒」していた？

僕は、それは現代人の話で、古代人たちはこの「98％の能力」が目覚めていたのではないかと考えています。

なぜかと言えば、現代人がどう頑張っても造れないであろう古代の建築物や遺跡が、現代においても大量に残されているからです。

例えば、エジプトのピラミッドやナスカの地上絵。日本で言えば、広島の厳《いつく》

島《しま》神社の背後にある弥山《みせん》の山頂に大量に置かれた巨石も、謎に包まれています。

また、第1章で触れた古代レムリア人は、スピリチュアルな能力が高く、テレパシーで会話をしていたと言われています。

どんなに研究を進めても憶測の域を出ないそうですが、少なくとも、現代人がどう背伸びして頑張っても、実現することが難しい現象を作り出すことを、古代の人たちは可能にしていました。

◎能力を目覚めさせてくれるのは「龍」

何らかの理由で眠ってしまった私たちの能力。

僕は、それを眠りから目覚めさせ、人間の遺伝子をオンにする存在が「龍」だと考えています。これが六つ目の力。

龍の形は、遺伝子の二本の螺旋《らせん》状の形態に呼応しています。

あの螺旋は龍なのです。よって、龍に触れると、私たちの螺旋状の遺伝子が、もともとの働きを取り戻していくと考えています。

なぜ、そんなことが言えるかと言えば、これも僕の体験によるものです。

サラリーマン時代の僕は、上司に全く評価されない、能力が低い人間でした。

ところが、会社を辞めて龍の発信をし始めると、評価してくれる人が急増。

これは、龍が僕の眠れる能力を目覚めさせてくれたことを示しています。

サラリーマン時代にスリープモードだった僕の能力が、龍と出会うことで、覚醒したのです。


能力を覚醒させるには、龍のエネルギーを使ったヒーリングやアクティベーション（エネルギーを使った活性化ワーク）などが効果があります。

これは僕が最も得意とするエネルギーワーク（「龍の魔法」と呼んでいます）であり、僕自身が行ったり、マスタースクールで生徒に教えたりしています。

でも、もっと簡単な方法があります。

それは龍がいる「神社に行くこと」です。

ここまでご紹介してきた龍の六つの力も、神社に行くことで感じることができます。龍がいる神社についての詳細は第5章（145ページ）に譲りますが、どの神社にも龍はいます。ぜひ、龍に会いに神社に行ってみてください。

第4章

「新しい時代」の神社参拝

「龍」とつながる参拝方法

第3章では「龍」について詳しくお伝えしてきました。

きっと、みなさん、どうすれば龍のエネルギーに触れられるのか、力を貸してもらえるのか、ものすごく気になっていることと思います。

お待たせいたしました！　この章ではいよいよ、龍とつながるための具体的な方法をご紹介していきます。

先ほどもお伝えしましたが、龍の力を借りる一番簡単な方法は、龍がいる「神社に行くこと」です。

では、神社に行ったら、どのような参拝をしたらいいのでしょうか？

もちろん、基本的にはどのような参拝をしても自由。ですが、この本では「新しい時代の参拝方法」についてご提案したいと思います。

新しい時代の参拝方法とは、「龍とつながる参拝方法」です。

大きく7つのステップがありますので、順番にご紹介していきましょう。

新しい時代の神社参拝①

神社に到着したら「龍」をイメージして感じる

「新しい時代の神社参拝」は、到着した瞬間から始まります。

龍は全ての神社にいます。ですから、神社に到着したら、「ここには、どんな龍がいるのかな？」とワクワクする気持ちでいてください。

龍は好奇心旺盛な人が大好き。自分のことを感じてくれる人間を歓迎しようと思います。

鳥居をくぐる前から、ぜひ、龍と会えるワクワク感を感じてください。

事前に神社のホームページなどで、神社の歴史や見所、龍の情報を調べておくと、よりワクワク感が増します（全ての神社で龍の情報を公開しているわけではありません）。

この本の第5章でご紹介している神社に行かれる際は、龍の情報をたくさん載せていますので、ぜひ参考になさってくださいね。

新しい時代の神社参拝②

鳥居に入る前に一礼をして、制限的な思い込みを振り落とす

「新しい時代」の神社とは自由になる場所。

神社の境内（敷地内）には、結界が張られています。この結界の中には、あなたが自由になれるエネルギーがたくさん充満しています。

ご神気もそのうちの一つ。神の気があなたに入り込めば入り込むほど、自由なあなたにバージョンアップしていきます。

そのために必要な行為は、あなたの頭の中にある制限的な思い込みをできるだけ取り除くこと。それから神社の境内に入った方が、効率がいいのです。

実は、鳥居の前で一礼する行為は、頭の中の「邪気」を落とす作用があると言われています。

◎制限的な思い込みを振り落とす

具体的には、次のような「思い込み」を、鳥居の前で頭を下げることによっ

て、脳内から地面に落とすイメージをしてください。

・○○すべき
・○○しないといけない
・義務や義理で行う○○

例を挙げると、「いまの仕事を続けるべき」「仕事を辞めたら食べていけない」「苦しまないとお金を稼げない」「好きなことでお金を稼いではいけない」「あの人とは義理でおつきあいしている（本当は離れたい）」「いまの恋人と別れたら人生終わりだ（本当は別れたい）」などなど。

頭を何度も振ったり、手で振り落としても大丈夫です。

とにかく、あなたが「いつもいつも、この思い込みに囚《とら》われて不自由を感じてしまう」と思うものを、まるで頭にべっとりとくっついている「ゴミ」を払うように、パッパパッパと振り落としてください。

新しい時代の神社参拝③

手水舎で手を浄化し、制限的な思い込みを水に流す

「手水舎《ちょうずや》」は神社の中でも、水がふんだんに流れている場所です。

そこには水の神様である龍がたたずんでいます。実際に、手水舎の龍の銅像の口から、水が出ているのを見たことがある人も多いでしょう。

鳥居の前では、「頭の中」にある「制限的な思い込み」を取り除きましたが、今度は肉体についている邪気（制限）を、水のエネルギーで浄化しましょう。

本来ならば、全身を水で流してからお参りをするのがベストですが、神社参拝をするたびに、滝行をしているのでは身が持ちませんね（笑）。

なので、日常生活で一番利用頻度の高い「手」を浄化しましょう。

これは「簡易版」の儀式となりますので、ぱっぱと簡単に済ませるのではなく、一つ一つの所作に意味と心を込めて行いましょう。そうすることにより、全身を清めるのと同じ効果があります。

そして、水の一つ一つに龍のエネルギーが込められている、とイメージして

ください。神社の水のエネルギーを通じて、あなたの体は浄化されます。

◎「手水舎」で行うこと

1　ひしゃくで水をすくい、左手に水をかけながら、水の感触を感じる
2　右手に水をかけながら、再び水の感触を感じる
3　再び、水を左手にかけ、その水を口に含んで吐き出す
4　ひしゃくを立てて、柄に水を流す
5　ひしゃくをゆっくりと元に戻す

新しい時代の神社参拝④
境内で「歓迎のサイン」を受け取る

手水舎で体を浄化したら、さあ「境内」に入りましょう。

神社の龍はあなたを歓迎します。「よく来たね、よく来たね」と優しい気持ちで出迎えてくれます。

と言っても、龍は基本的には目に見えませんし、明確に言語を話せるわけではありません。ですが、「現象」であなたにサインを送ってきます。

神社の境内に入ったら、歓迎のサインを探してみましょう。

◎ 龍雲

龍雲とは「龍の形をした雲」のこと。「龍雲」が出ていたら、龍が「あなたのそばにいるよ、歓迎しているよ」というサインです。

「龍雲は龍なんですか？　雲なんですか？」という質問をたびたびもらうのですが、夢を壊すようなことを言って申し訳ありません。

あれは「雲」です（笑）。

雲ではありますが、「龍が自分が近くにいることを、雲を使ってあなたに知らせている」ということなのです。

水の神様である龍は、同じ水である「雲」を扱えます。神社の中で龍の形をした雲を見たら、「龍が雲を使って歓迎してくれた！」と思ってください。

◎ 彩雲

「虹色をした雲」である「彩雲」も龍からのサインです。「虹」は古来、龍を示すシンボルでした。

もちろん、「虹」自体を見たら最高の歓迎ですね。龍雲、彩雲、虹は神社参拝以外の場面でも龍からのサインです。日常的に空を見上げていると、龍からのサインがたくさん目に入ってきますよ。

◎ 雨

それから、わかりやすいのが「雨」。雨が降り出すのも、止むのも、龍からの歓迎のサインです。

僕が神社に行くと、鳥居をくぐった瞬間に雨が降り出し、鳥居を出るときに止む、という現象がたびたび起こります。反対に、鳥居をくぐる前までは雨が降っていたのに、参拝を始めたらぱたっと止み、参拝が終わったらまた雨が降り出す、ということもしょっちゅうです。

◎オーブ写真

スマートフォンやカメラで写真を撮影して、「不思議な光」が入ったら、これも歓迎のサインです。

紫や緑、ピンク、赤のオーブ状の光が写真に写ることがありますね。光の加減でしかない、と言う人もいますが、それは間違い。神社に歓迎されているときに、サインとして写り込むのが光の写真です（神社に愛がない人が撮影しても、写らない可能性が高いです）。

龍状のオーブ写真が撮影できたら、間違いなく龍からの歓迎サインですよ！

◎太鼓、蝶、風

いいタイミングで「太鼓」がどーん！　と鳴ったら歓迎のサイン。太鼓はご祈禱《きとう》が始まる合図ですが、あなたが参拝をしているときに鳴ったら、それは龍からの歓迎のサインです。

また「蝶《ちょう》」が飛んでくるのもサインですね。蝶は神様の使いとされています。

そして、「風」がびゅーーっと吹くのも龍からの歓迎のサインです。風は龍が吹かせるもの。龍が目の前を通り過ぎたと思いましょう。

このように、いたるところで歓迎のサインをもらえるので、しっかりと受け取ってください。

「シンクロニシティ」の箇所でもお伝えしましたが、小さいサインをスルーしてしまうと、大きなサインはやってきません。

神社で見たサインも「スタンプカード」のイメージでぽんぽん溜めていき、「龍さん、ありがとう」と言って、きちんと受け取りましょう。

新しい時代の神社参拝⑤
自分を高次元化する【目的編】

この神社参拝⑤が「新しい時代」の参拝方法としては最重要になります。

具体的なお参りの仕方はさほど難しくないのですが、その前に「なぜ、これを行うか」の説明が必要です。

参拝方法に入る前に、私たち人間の「本質」についてお伝えします。とてもスピリチュアルな話になりますが、ぜひ、ついてきてくださいね！

◎人間はもともと「高次元」の存在

「高次元」の存在とは、目に見えない存在（神・龍・天使など）であり、「低次元」の存在とは目に見える存在（人間・動物・植物など）だと先述しました。

ですが、私たち人間は、実はもともと「高次元」の存在なのです。

人間は「高次元」の場所（天国・あの世）に「魂」として存在していました。

先ほど、「魂」は龍の国の入り口で、「高次元」と「低次元」のゲートのような役割をしているとお伝えしましたが、魂には「高次元」にいたときのなごりがあるので、そのような役割を担うことができるのです。

私たちが肉体を持ってこの世に生を享《う》ける以前、「魂」だったときに存在していた「高次元」という場所は全く「自由」な場所です。何も課されませんし、何をしても何をしなくてもいい。全くの自由です。

「高次元の場所」は全てがエネルギーなので、「ここ」と「あそこ」などの区別がありません。ですから、瞬間的に「ここ」から「あそこ」に移れる。50メートル先でも1キロ先でも、「一瞬」で移動できてしまいます。

また、「私」と「あなた」の差もないので、思った瞬間に相手のことが理解できてしまう。特段のコミュニケーションの必要がありません。

それどころか、「高次元」は全てがエネルギーの場所なので、魂は自分が存在しているのかどうかもよくわかりません。

何をしていて、何をしていないのかもわからない。自分と他人の境があいまいなので、自分が何者なのかもよくわかりません。

「私」は大きなエネルギーの中で溶け、全てとの一体感を覚えています。

この一体感の感覚、もしくは一体感を覚える「高次元の場所」自体を「ワンネス」と呼んだりします。

「魂」は「高次元の場所」で「ワンネス」を感じ、自由を謳歌《おうか》しているのです。

ただ、「高次元の場所」にも一つだけ難点があります。

それは全てがエネルギーなので、全ての物事や出来事において、その「輪郭」が極端に薄いことです。

自分が存在しているのか、何をしているのかがわからないので、「魂」は経験や体験をうすらぼんやりとしか感知・認識することができません。

だからこそ、一体感と自由を感じられるのですが、一方で、私たちの「魂」にはもともと、変化や成長したいという根源的な欲求があります。

そして、変化や成長は、「体験」を通じて訪れます。

「魂」は、こののっぺりとした「高次元の場所」にいることでは、変化や成長というニーズを叶えることができないのです。

◎魂は「体験」を求めて肉体に入った

そこで「魂」は、自らにあえて「不自由さ」を付与することにしました。「高次元の場所」にはない不自由な機能をあえて自らに付与することにしたのです。

それが「肉体」です。「魂」は変化や成長を体験するために、「肉体」に入り、低次元のこの世界にやってきました。

「肉体」は魂にとって、とても不自由な機能です。

例えば、「高次元の場所」では一瞬でできる移動も、肉体があると100メートル先まで行くのにどんなに頑張っても9秒以上はかかります。

コミュニケーションにしても、うまく伝えられず、相手にわかってもらえない辛さを感じることもあります。

ですが一方で、「移動する」「他者と関わる」という経験を、くっきりとした輪郭をもって体験することができるようになった。

また、「私」と「あなた」が分離したことにより、誰かを好きになる喜びや、そばにいてくれるだけでくつろげる人との時間、身近な人が亡くなる悲しみなども感じることができるようになりました。

これこそが「魂」が求めたこと。「体験」は、「魂」が安住の地である「高次元の場所」を離れて、不自由な「肉体」をつけてでも得たいものなのです。

私たちが生きていく上で「体験」する感情や出来事は、私たちの「魂」が、心の底から願ったこと。つまり、悲しいことも、苦しいことも、楽しいことも、嬉しいことも、実は自分（魂）が高次元にいたときに望んでいたことなのです。ですが、私たちは「高次元」の存在であるということを、すっかり忘れてしまいます。「低次元」の世界でありありと覚えていたら、せっかくの「くっきりとした輪郭を持った体験」を味わうことができないからです。

◎人間の生きる意味

「魂の目的」は、「人間の生きる意味」と言い換えてもいいでしょう。

この「人間の生きる意味」は「テーマパークで遊ぶ意味」と比較すると、とてもわかりやすいです。

【人間の生きる意味】

私たちはそもそも「高次元」にいた「魂」です。ある日、体験を求めて「低次元」の世界に、不自由な「肉体」を持って降り立ちました。

様々な出来事を体験しながら、魂は経験値を増やしていきます。辛いこと、嬉しいことも、その全ては魂にとって貴重な「学び」です。

そして、寿命が来たら、低次元での「学び」は終了。私たちは魂に戻り、高次元の世界に戻っていきます。

【テーマパークで遊ぶ意味】

私たちはそもそも「自宅」にいた「大学生」です。春休みになったので遊ぼうと、某テーマパークへと出かけました。

様々なアトラクションに乗り、楽しい一日を過ごしていきます。ジェットコースターでスリルを味わうのも、船に乗って不思議な世界を見に行くのも、その全ては社会人になる前の、最後の貴重な「遊び」です。

そして、閉園時間が来たら、テーマパークでの「遊び」は終了。私たちは電車に乗り、自宅に戻っていきます。

このように、「人間の生きる意味」はテーマパークで遊ぶこととよく似ています。私たちの生きる目的は「経験」であり、「学び」であり、もっと言えば「遊び」なのです。

そう、人生で起こる全てのことは、魂にとっては「遊び」。よって、私たちがポジティブだと感じる出来事も、ネガティブだと感じる出来事も、魂にとっては「全部ポジティブ」なのです。

ですから、ネガティブな出来事を深刻に捉える必要はないんです。

「魂にとっては全部ポジティブ。全部遊びだから！」

こんな感覚がふに落ちると、とても生きやすくなりますよ。

◎「新しい時代」は高次元の存在として生きられる

難しい話をしましたが、人間は「低次元の存在（肉体）」であり、同時に「高次元の存在（魂）」でもある、ということはご理解いただけたでしょうか？

そして、これから訪れる「新しい時代」はなんと、人間が肉体を持ちながら、高次元の存在として生きることが可能になる時代なのです！

「高次元」の自由さ、平和さ、ワンネスを感じながら、「低次元」の経験や体験、遊びも味わえる。まさに、いいとこ取り。素晴らしい時代の幕開けです！

では、どうしたら「新しい時代」が訪れるのか？

それは、私たちひとりひとりが「高次元」の存在であることを思い出すこと。思い出す人が増えれば増えるほど、新しい時代の到来が早まります。

そして、私たちが「高次元」の存在であることを思い出す場所が「神社」なのです。

神社には「龍」がいます。その龍とつながると、あなたは「低次元」から「高次元」の存在へと移行していきます。

具体的には「制限」が外れ、「自由」になる。これまでの「制限的」な人生から、より「自由」な人生へと変わるのです。

新しい時代の神社参拝⑤

自分を高次元化する【実践編】

「新しい時代」の参拝方法とは「神社で龍とつながる」ことです。

まずは、あなたの「次元」を上昇させる「儀式」を伝授したいと思います。

あなたは普段、「低次元」の生活をしています。ですから、参拝の前にあなたの内なる「高次元」を呼び起こさなくてはなりません。

それには、「胸の中心」を使います。

胸の中心には、「高次元」と「低次元」のゲートである「魂」があります。魂がある場所を「ハートチャクラ」と言いましたね。あなたが「ハートチャクラ」を開けば開くほど、ハートのエネルギーが外に流れ出てきます。

このエネルギーを肉体に帯びさせ、溶かしていくと、あなたは「肉体」という「制限」を持った存在ではなく、本来の「自由」な存在となります。

◎「ハートチャクラ」を開くワーク

具体的なステップをご紹介しましょう。

あなたはいま、お参りをしようとしているところです。

拝殿の前に立つ前に、少し場所を選んで、静かに一人で、次のワークをしてください。

①両手を胸の中心に置く

まずは両手を胸の中心に置いてください。両手は重ねてもらって大丈夫です。

②胸の中心に意識を向ける

両手を置いた場所に、意識を向けます。胸の中心の少し奥まった場所に「ほわっ」とした感覚が出てくる場所があります。そこが「魂」です。

③「ほわっ」としたエネルギーを体中に広げる

魂から「ほわっ」としたエネルギーが出てきたら、それを体中に広げてください。あなたの周りに卵形のエネルギーのドームができるようなイメージです。

④「ハートチャクラ」のエネルギードームの中でくつろぐ

ご自身の「ハートチャクラ」のエネルギーが外に出ていき、ドームのようにあなたの体を覆ったら、その中でくつろいでください。

やがて頭がボーッとし、肉体の感覚が薄らいでいきます。次第に肉体がハートチャクラのエネルギーの中に溶けていくような感覚になります。

⑤肉体が溶けて、高次元のエネルギー体になる

肉体がハートチャクラのエネルギーの中に溶け込んだら、あなたは「エネルギー体」になります。もちろん、肉体はその場にありますが、肉体の輪郭がぼんやりしてきて、自身がエネルギー体になったような感覚になります。

これが「高次元」の感覚です。

この状態になると、神社の龍とつながりやすくなります。

新しい時代の神社参拝⑥

「龍」とつながる

さあ、いよいよ拝殿の前に立ってお参りをします。

まずは、お賽銭を入れて鈴を鳴らし、二礼二拍手します。ここまでは普通の

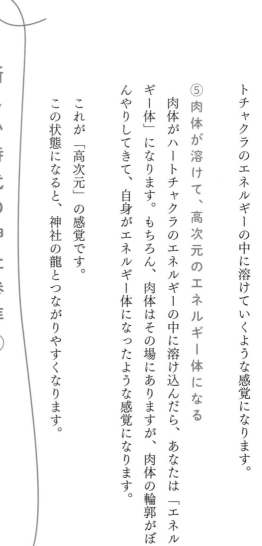

参拝と同じですが、ここからが違います。

◎龍とエネルギーでつながる

御神体にも龍が存在します。合わせた両手の先から拝殿の奥にある御神体に向けて、あなたのエネルギーを飛ばしてください。

御神体にエネルギーが届くと、あなたと御神体にエネルギーの線（ライン）ができます。これが神社の龍とつながった状態です。

一つになると、龍とつながった感覚が直感でおりてきます。「あ、つながった」という感覚になります。

「新しい時代の神社参拝⑤自分を高次元化する」儀式をすっ飛ばしてしまうと、うまくつながれないのでご注意ください。

龍のエネルギーは「高次元」。あなたが「低次元」のままだとつながれないのです。ハートチャクラを開いてあなたが「高次元」化することで、あなたは龍と同質になることができます。同質なものは波長が合ってつながれます。

◎龍に愛を伝える

一つになったら、龍とつながった線（ライン）から、あなたのハートチャクラのエネルギーを流してください。たくさんの愛のエネルギーが線を通って、神社の龍に流れ込むイメージをします。

そして、龍に愛を伝えてください。

具体的には「龍さん、愛してます」と心の中でお伝えすることです。

「大好きです」「ありがとうございます」など、愛を伝える言葉は他にもありますが、「愛してます」が一番波動が高く、龍に伝わりやすいです。

僕の人生が大きく変わったのも、神社に来るたびに「愛してます」と伝え続けたから。

「愛してます」という言葉は、とても不思議なパワーを持っています。

人によっては少し恥ずかしい言葉かもしれませんね。

でも、恥ずかしいことにも理由があって、あまりにもパワーがあるので、社会的に封印された言葉なのです。

ぜひ、神社ではこの封印を解いて、「愛してます」という言葉を使ってください。この言葉こそが高次元の存在とつながる秘密。龍とつながるための最強の呪文です。

新しい時代の神社参拝⑦
「龍」に追い風をお願いする

さあ、待ちに待ったお願い事の時間です。

「お金が欲しい」「時間が欲しい」「恋人が欲しい」「幸せが欲しい」

「いい仕事につきたい」「受験に合格したい」「転職したい」「起業したい」

龍につながったいま、どんなことでもお願いして構いません。

龍は全知全能の存在。地球および宇宙レベルで人間を見ています。

その龍にとっては、あなたのお願いが100万円でも、200万円でも、はたまた1億円でも、たいしたことがありません。龍は自由の象徴ですから、何を望んでも「いいよ、いいよ」と言ってくれます。

だから、他力本願で大丈夫。どんどん龍に願いを叶えてもらいましょう！

◎お願い事には「自力」を入れる

ただし、お願い事にはコツがあります。それは必ず「自力を入れる」こと。

例えば、「私に1億円をください！」と龍に伝えるとしますね。

それでも龍は「いいよ、いいよ」と言ってくれます。ただ、それは「いいよ、1億円あげるよ」という意味ではないのです。

龍の言葉を正確に翻訳すると、「いいよ、いいよ。あなたがやってもいいよ、僕は見ているから。で、いい場面で力を貸してあげるから」。

なぜならば、龍はその人の人生を邪魔することはしないからです。


仮に、その人に1億円が入ってきたらどうなるでしょうか？

最初は楽しいかもしれませんね。ですが、自分でお金を生み出す力がない人が大金を持ったら、お金を失う恐怖で夜も眠れなくなるでしょう。

身の丈に合わない大金を手にした人にとって、この「失う恐怖」はとても大きいものです。

実際、宝くじの高額当選者は、そのお金をたった2年ほどで使い切ってしまうそうです。

その後は、上がってしまった生活水準を下げることができず、苦労。挙げ句の果てには、生活保護を受けることになってしまう人もいるそうです。

実は、「お金」よりも大切なのは、お金を呼び込む「経験」のほう。これはお金以外でも同じです。

私たちの魂が本当に望んでいるのは「経験」でしたね？

龍はあなたの「魂の望み」を奪うようなことはしないのです。

◎龍には「追い風」をお願いする

龍にお願いするときは、このように伝えましょう。

「龍さん、私に1億円をください。私はそのために行動します。ですから、力を貸してください。龍の追い風を吹かせてください」

龍にお願いするのは、「結果」ではなく「追い風」。

龍の「追い風」が吹くと、あなたの人生はスピードを上げて発展します。

ただし、あなたが歩かなければ、「追い風」が吹いてもどこにも行けません。


僕はよく、龍を「ジャンボジェット機」にたとえます。

「ジャンボジェット機」は数百人以上の人を乗せて空を飛ぶ、大変なパワーを持つ乗り物。ですが、機長が「操縦席」に座り、飛行機を起動させない限り、動くことはありません。ただのデカイ金属の塊です。

同じように、龍に力を借りるときは、自分が「操縦席」に座り、自分の人生を起動させなくてはいけないのです。

しかし、自分の人生の「操縦席」を他人に明け渡してしまっている人が少なからずいます。

例えば、親のせい、子供のせい、パートナーのせい、上司のせいにする人。

他にも、「だって」「でも」「どうせ」「できない」「どうしようもない」「だから言ったじゃないか」が口癖の人。

頭文字が全て「ダ行」であることから、僕は「人生をダいなしにするダヂヅデドの言葉」と呼んでいますが、こんなことを言っていては、せっかくの龍のパワーを「ダいなし」にしてしまいます。

他人のせいにせず、自分の責任において人生を一歩一歩、前向きに歩いていく人に、龍は「追い風」をびゅーーーーうっと吹かせます。

龍の「追い風」とは、「シンクロニシティ」。人間の努力では到底なし得ないような奇跡的な出来事です。

例えば、幸せなお金持ちの一つの基準だと聞き、「年商3000万円」をお願いしたことがありましたが、実際にもたらされたのは、なんと「1億円」。龍の能力をしっかりと理解していたから、願いが届きやすかったのだと思います。

◎龍と対等の意識を持ってお願いする

そして、もう一つのコツは、「一緒にやりましょう」という感覚でお願いすることです。

自分を高次元化させ、エネルギー体になったあなたはいま、龍と対等になっています。龍は「上から目線」ではなく、対等な素晴らしい存在としてあなたを見ています。

逆に、見上げるような「下から目線」を龍は嫌います。尊敬の念は持ちつつも、対等の意識を持っている人を好むのです。

ですから、「龍さん、私の人生、なんとかしてください」という重くて依存的な人よりも、「私は私の道を行きますので、龍さん、追い風よろしくお願いします！」くらいの、軽くて自立的な人の方が願いが叶いやすいのです。

龍にお願いするときは、「対等」であることを意識してください。

「私はこういうことをしたいです。一緒にやりましょうね」

このように、龍に語りかけるようなお願いの仕方がいいのです。

こう言われたら、龍はとても嬉しくて「喜んで！」と言ってくれます。

まとめると、龍へのベストなお願いの仕方はこうなります。

「私は○○を叶えたいです。私は動きます。ですから、追い風を吹かせてください。一緒にやりましょうね！」

そして、深く一礼してお参りを終えます。

参拝を終えたあなたの心は、龍とつながってポカポカと温かい感じがするでしょう。

そして、明日からまた行動しよう！　という気持ちが満ち満ちてくると思います。

龍とつながると、自分の中のパワーを思い出せるのです。

私たちは一人で頑張ろうとしすぎてしまう傾向にありますが、龍にお願いすれば、あなたの人生を大きく変えてくれます。

神社は龍とつながることで、あなたが自分のパワーを思い出す場所。そして、「奇跡の共同創造」を龍とお互いに約束する場所です。

「龍さん、一緒にやりましょう」

この感覚こそが「新しい時代」の参拝方法です。

次ページでは、第4章でお伝えしてきた「新しい時代」の参拝方法をまとめてイラストでご紹介しています。

新しい時代の神社参拝

1

神社に到着したら、
龍をイメージして感じる

2

鳥居の前で一礼し、
制限的な思い込みを振り落とす

3

手水舎で手を浄化する

4

境内で
「歓迎のサイン」を受け取る

5

ハートチャクラを開く
ワークをする

6

龍さん、愛してます

龍とエネルギーでつながり、
愛を伝える

7

追い風を吹かせてください

龍に追い風をお願いする

第 5 章

特選！龍がいる神社13社

この章では、
僕がおすすめしたい
「龍がいる神社」13社をご紹介します。
日本の全ての神社に龍はいますが、
特に僕が強く「龍」を感じた場所をお伝えしていきます。
ぜひ、訪れる際の参考にしてくださいね！

※第4章でご紹介したのは、日本全国の神社共通の参拝方法ですが、
この章でご紹介している「SHINGO流・龍神様へのご挨拶」は
それぞれの神社で、ぜひやっていただきたい参拝方法です。

お金が昇り龍のごとくバンバン舞い込んでくる!

玉《たま》置《き》神社

奈良県吉野郡十津川村玉置川1番地
http://www.tamakijinja.or.jp/

ご祭神

國常立尊《くにとこたちのみこと》
伊弉諾尊《いざなぎのみこと》
伊弉冉尊《いざなみのみこと》
天照大御神《あまてらすおおみかみ》
神日本磐余彦尊《かむやまといわれひこのみこと》

玉石社
大巳貴命《おおなむちのみこと》

こんな人にオススメ

収入額のケタを0一つ増やしたい

現状を打破したい

自由な人生を生きたい

金運アップしたいのであれば、まず外せないのが「玉置神社」です。

こちらの「玉石社《たまいししゃ》」には、修験道の開祖である役《えんの》行者が子孫のために財宝を埋めたという伝説があり、お金と縁が深い神社です。

玉置神社は大宇宙のエネルギーがダイレクトに感じられる「宇宙のゲート」のような場所。日本だけでなく、世界各国のスピリチュアリストがこぞって訪れるほどパワーの強い場所です。

僕はこちらに参拝した後、お金がたちどころに増えて、収入のケタが一つ増えました。

「神様に呼ばれないと行けない神社」と言われる通り、行くのが困難ではあるのですが、ぜひ一生に一度は訪れてほしい神社です。

困った人を助けてくれる神社

初めて玉置神社を訪れたときの僕は、経済的に非常に苦しい状況でした。

そんな中、すごいパワフルな神社があるとの噂を聞きつけ、どうしても行ってみたくなりました。

奈良駅から山道を車で走ること3時間。途中、カーナビが狂うなどのトラブルに見舞われつつも、なんとか到着。

車を降りると、眼前に広がっていたのは、ご神気あふれる「聖地」でした。

本殿前の鳥居の手前には少し開けた場所があり、宇宙から光のエネルギーが燦々《さんさん》と降りてくるのを感じられます。ちょっとこの世のものとは思えない雰囲気に圧倒されました。

そして僕は、こちらの「玉石社」で龍神様と出会ったのです。

○「お金」を望んでもいい

「玉石社」に社殿はなく、「石」が御神体としてお祀りされています。

御祭神は大巳貴命《おおなむぢのみこと》。玉置神社がある熊野地方では「龍神様」として祀られている神様です。

僕はここで「望みなさい」というメッセージをもらいました（ここでいう〝メッセージ〟とは、頭の中に龍神様が直接語りかけてくるような、インスピレーションの声のことです）。

玉石社の龍神様は「お金を望んでもいい」と仰った。それも、たくさん望んでもいいと。

そのときから僕は、龍に素直に「お金をくださ

い」とお願いするようになりました。

結果として、僕の収入は龍のごとく、勢いよく急上昇！　いまでは海外進出を果たし、年商1億円を継続して呼び込む「幸せなお金持ち」になることができました。

玉置神社さんは、苦しんでいた僕を助けてくださったのです。

神様は本当に存在するんだ、夢物語ではないんだ、という実感を強く持つことができた最初の神社でもあります。

○大切なのは「素直」であること

「玉置神社は困った人を助ける神社、しかも、素直でピュアな人を助ける神社なのですよ」

3年後、改めて参拝すると、神職さんが教えてくださいました。

そう、玉置神社さんは「困っている素直な人を助けてくれる」神社なのです。

「素直さ」にはパワフルなエネルギーがあります。

龍は人間がお金を望むことを否定しません。まるで、お年玉をねだる孫を見るおじいちゃんのような眼差《まなざ》しで見てくれています。

ですから、遠慮しなくていいんですよ。あなたも、龍神の前では素直になってください。

龍はいつだってあなたの味方。あなたをお金持ちにすることなんて造作のないことです。

ただ、それには「素直」であること。思っていることと、行動にズレがないこと。

欲しいなら、素直に「欲しい」と言える子供のような心を持っていること。それが大切なのです。

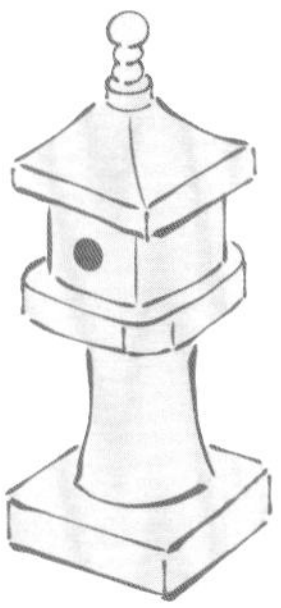

龍を感じる場所

僕が龍と出会ったのは、本殿の奥、さらに山の上にある「玉石社」でした。

二度目の参拝をした時、「玉石社」の御神体である「石」が白く光り、そこに光の柱が立ちました。見上げると、頭上にはとても大きな黒龍さんがいらっしゃったのです。

風がびゅうと吹きすさび、僕の方をじっと見つめながら、「もっと望め、もっと望め」と伝えてくれました。

黒龍は現実を大きく変化させてくれる龍さんです。また、覚醒の龍でもあるので、こちらをお参りすると現実、特に経済面が大きく変化することと思います。

玉置神社の龍神様は心が大変広く、あなたの求めることをすべて聞いてくれます。ぜひ、素直に「お金をください」とお願いしてみてください。

SHINGO流・龍神様へのご挨拶

1 鳥居の前に立ち、頭の中にある制限的な考え方を振り落とす
2 巨木群のエネルギーに身を委ねて、体と心を浄化する
3 手水舎で体についている邪気を水に流す
4 本殿前の広場にて、宇宙のエネルギーを感じながら「ハートチャクラを開く」ワークをして、肉体を高次元化する
5 玉石社に向かい、頭上に黒龍がいることをイメージしながら御神体の石をじっと見つめる
6 二礼二拍手した後、「黒龍さん、愛しています」と伝え、全身で黒龍とつながる
7 「龍さん、お金ください。私も動きます。お金を呼び込む風を起こしてください」と黒龍に伝える
8 深く一礼し、参拝終了

※「玉石社」に行く前に必ず「本殿」もお参りしてくださいね。

自分の好きなことでお金をもらえるようになる！

東京都

田《た》無《なし》神社

東京都西東京市田無町3丁目7－4
http://tanashijinja.or.jp/

主祭神

級《しな》津《つ》彦《ひこの》命《みこと》
級《しな》戸《と》辺《べの》命《みこと》
大《おお》国《くに》主《ぬしの》命《みこと》

こんな人にオススメ

好きなことをお仕事にしたい人

起業したばかりで、お客さんを集めたい人

楽しい気分で龍と交流したい人

田無神社は鎌倉期の創立以来、田無の地で人々と共にある「開かれた神社」。

このオープンなエネルギーが「好きなことでお金を呼び込む」力になってくれます。

お仕事をされている方はぜひ、こちらで「引き寄せ力」をお借りしてください。

田無神社さんの一番の魅力は、何と言っても境内の中に五柱の龍のお社があること。

「赤龍」「白龍」「青龍」「黒龍」、そして「金龍」と、たくさんの龍神様が祀られています。

しかも、お社のそれぞれには龍のモニュメントが置かれており、龍好きにはたまらない神社です。

高次元のエネルギーに触れられる神社

田無神社は高次元に「触れる」ことができる場所です。

神社の公式ホームページには「宇宙につながる小さな扉」という文言があるのですが、ここで言う「宇宙」とは、本文中の「高次元のエネルギー」のこと。

境内には赤・白・青・黒・金の五龍神の他、弁天様、お稲荷《いなり》さんなど様々な神様がお祀りされており、これらのお社をお参りするだけで高次元のエネルギーに「触れる」ことができるのです。

「小さな扉」というのは「人に寄り添った」という意味だと思っています。

宇宙の広大なエネルギーが降り注いでいることは間違いないのですが、あまりに大きすぎると、人間が受け取ることができません。

そこで、あえて施設を作ることで、参拝者が高次元のエネルギーを受け取れるように工夫されていると感じます。

東参道には「撫龍」という、直接手で龍のエネルギーに触れられる龍の石像がありますし、境内中央には五龍神の名前がつけられた「御神木」があります。とても優しくて愛情深い神社さんですよね。

僕は特に御神木の周辺が大好きで、宇宙から高波動なエネルギーが降りてくるのを感じます。

そのエネルギーはとてもポジティブで、うっか

り踊りたくなるような気分になるのです。

田無神社さんは見所がたくさんあるのですが、「神心の碑」もぜひ訪れてほしい場所。

「神」「心」と書かれた石碑の間に立つと、自分の体が映し出されます。

自分の姿を見ることで「私は心（人間）であり、同時に神である」ということをダイレクトに感じることができますよ。

それから、龍の形をした「龍神おみくじ」は、とても可愛《かわい》らしくておすすめです。

○笑顔の龍神様に出会える昇殿参拝

田無神社を訪れたら、ぜひ社務所で申し込みをして「昇殿参拝」をしてください。

「昇殿参拝」とは拝殿の中に入り、より神様に近い場所でお参りすること。拝殿に昇ってお参りするので〝昇殿〟参拝と言います（神社によっては「正式参拝」「御祈禱」と呼ばれることも）。

拝殿に昇殿すると、左右に木彫りの龍の「絵」が対になって飾られています。

他の神社同様、強面《こわもて》でイカツイ龍がいると思いきや、なんとこちらの龍さんは「笑顔」。

僕はこの笑顔の二柱の龍を見たときに、なんともいえない幸せな気持ちになりました。

龍のエネルギーは、笑いと愛と癒やしそのもの。そう、龍はいつだって、人々が幸せに健やかに生きていくことを願っている。愛に溢れた存在なのです。

ぜひ、昇殿参拝を行って、笑顔の龍神様に商売繁盛をお祈りしてくださいね。

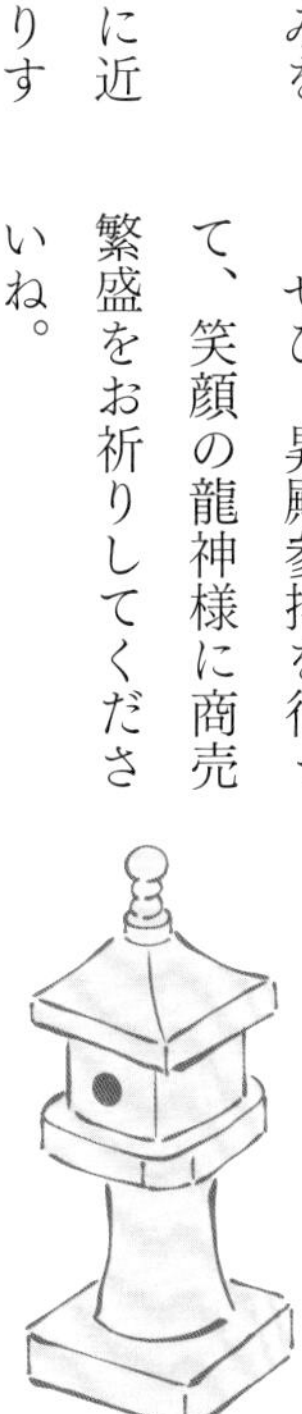

龍を感じる場所

境内には五柱の龍神様がいらっしゃいます。

鳥居をくぐって右手にいらっしゃるのは「赤龍」さん。ちょっと見逃しやすいので気を付けましょう。

参道を歩いて次に出会えるのが、優しい表情の「白龍」さん。その目線の下にある、白い流線状の模様が入った小さな丸い石には、子供の白龍のエネルギーが込められています（お母さん白龍が子白龍を見守っているよう）。

さらに奥には、お参りすると風がびゅううと吹く「青龍」さん。

境内の一番奥にいらっしゃる「黒龍」さんは、目の前に立たせていただくと、とっても温かい気持ちになります。

そして最後は、お金や人を呼び込んでくれる「金龍」さん。境内の中心にある本殿にお祀りされています。

ぜひ、全ての龍神様に出会ってくださいね。

SHINGO流・龍神様へのご挨拶

1 鳥居の前に立ち、頭の中にある制限的な考え方を振り落とす

2 鳥居をくぐり、田無神社の清々《すがすが》しいエネルギーを全身で感じる

3 手水舎で体についている邪気を水に流す

4 社務所で御祈禱を依頼する

5 イチョウの木のある広場のあたりで「ハートチャクラを開く」ワークをし、肉体を高次元化する

6 御祈禱待合室にある五龍神の絵を見て気持ちを落ち着ける

7 本殿に昇殿し、頭上にある笑顔の龍神様の絵を見る

8 御祈禱が始まったら本殿の龍に意識を合わせ、全身でつながる

9 「龍さん、愛してます」と伝え、完全に龍と一体になる

10 「龍さん、自分の好きなことでお金をもらえるようになるように風を吹かせてください。私も動きます」と伝える

11 深く一礼し、参拝終了

ここぞ、という時に力をくれて
仕事運バクアゲ！

髙《こう》龍《りゅう》神社

新潟県長岡市蓬平町1590－9

ご祭神

高《こう》龍《りゅう》大《おお》神《かみ》

こんな人にオススメ

ここぞ、という時に力を貸して欲しい方

受験合格・立身出世したい方

自分を信じるチカラが欲しい方

太田川の上流で三方を山に囲まれ、神秘的なムードが漂う「高龍神社」。知る人ぞ知る商売繁盛の神様なのであまり教えたくはないのですが、僕にとっては外すことができない「龍がいる神社」です。

こちらには約600年前に、楠木正成公の家臣、武将高野木民部永張が蓬平の山中で道に迷い、戦の傷が痛み苦しんでいるところを龍神に助けられた、という言い伝えが残っています。村人たちはその後、何百年もの間、この高龍神社伝説を信仰してきたのだそう。高龍神社と言えば白蛇が有名ですが、これはご祭神である龍の使い。龍を祀っている奥の院と神社の中間点にある院には、実際に白蛇がいるそうですよ。

勝負の場面で力を貸してくれる神社

高龍神社を訪れると、まず圧倒されるのが118段の石段。

登り切るのは一苦労ですが、その先に待つ昇り龍が彫り込まれた石碑を見ると、「ああ、ここまで登ってきてよかった」と気持ちがほっこりします。

○地面から感じる龍神エネルギー

高龍神社の境内自体は「こぢんまり」としていますが、足元に意識を向けると、突き上げるような「龍神エネルギー」を体感できます。

地中奥から湧き出てくるエネルギーの圧が強くて、ただ立っているだけなのに軽く汗ばむほどです。

地面に一番近い人間のチャクラ（人体にあるエネルギースポット）といえば、おへその下あたりにある第一チャクラ。現実を力強く創造するときに発動するチャクラです。

地面からの龍神エネルギーが第一チャクラを刺激し、「力強さ」をもたらしてくれるのです。

こちらには、かねてからプロ野球選手や力士、経営者などがこぞって参拝してきたそう（拝殿の中にはたくさんの名刺や、お相撲さんが参拝した写真が飾られています）。

きっとみなさん、龍神から「力強さ」のエネルギーを受け取ってきたのでしょう。

○僕に「自信」をくれた神社

参拝した当時、僕は龍についての発信を始めたばかりで、認知度も実力も足りない状態でした。龍のことを話す「お話会」ではお客さんの反応が少なく、何度も落ち込みました。

しかし、2ヶ月後には初めての大きなイベントや講演会が控えている。まさに「勝負所」のタイミングで訪れたのが、この高龍神社さんでした。

降り立った瞬間、地から突き上げるようなエネルギーを感じ、手を合わせてお参りするうちに、それはどんどん力強くなり、龍に対する思いが内側からこんこんと湧き上がってきました。

僕の体は愛でいっぱいになり、強い自信がみなぎった。まるで、自分が「龍」になったかのような感覚でした。

そして、龍神様（白と金を併せ持つ、宝石のように美しい龍でした）から、「君には力があるから、大丈夫だよ」という力強いメッセージをいただいたのです。

その後、行ったイベントは大成功！　講演会も300名を動員するなど、かつてないほどの盛況ぶりでした。

僕が次のステージに上がるための「自信」をくれたのが、高龍神社。

やりたいことはあるけれど、前に進むための自信がない。そんな人にぜひ訪れてほしい神社です。

また、仕事で「ここぞ」という勝負の場面が訪れたときにも、こちらを参拝すれば、パワフルな龍が「えい！」と力を貸してくれます。

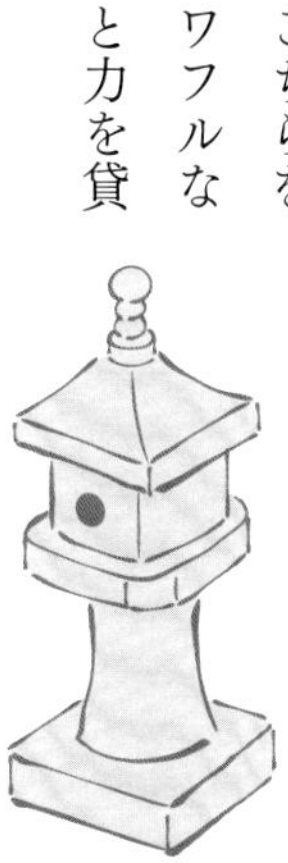

龍を感じる場所

全体的にエネルギー溢れる場所ですが、なかでも高エネルギーなのが、境内にある「高龍大神」と書かれた石碑の下あたり。

初参拝のとき、僕が一緒に行った他の二人に「ここ、エネルギーがすごいから手をかざしてごらん」と言うと、「本当だ！　私、霊感とか全然わからないタイプだけど、ここはわかる!!」と感動していました。

普段、見えないエネルギーに敏感でない人でも、手が温かくなったり、体が熱くなったりと、五感ではっきりと感知することができます。

そのくらい、高龍神社さんの龍神エネルギーは強力。だからこそ、たくさんの人を引きつけるのでしょう。

こちらにいらっしゃる白金の龍は、あなたの活動も強く応援してくれます。僕自身も何度も立ち寄りたい神社の一つです。

SHINGO流・龍神様へのご挨拶

1 長い階段を上り、邪気が足を通じて抜けていくのを感じる
2 鳥居の前に立ち、頭の中にある制限的な考え方を振り落とす
3 鳥居をくぐり、高龍神社の清々しいエネルギーを全身で感じる
4 手水舎で体についている邪気を水に流す
5 龍の石像の前で「ハートチャクラを開く」ワークをして、肉体を高次元化する
6 本殿内の、白と金を併せ持つ宝石のように美しい龍をイメージする
7 全身で本殿の龍とエネルギーでつながる
8 「龍さん、愛してます」と伝え、完全に龍と一体になる
9 「龍さん、仕事で成功できるように風を吹かせてください。私も動きます」と伝える
10 深く一礼し、参拝終了

あなたにも奇跡が起こる！
龍神パワーで
金運バクアゲ！

椿《つばき》大《おお》神《かみ》社《やしろ》

三重県鈴鹿市山本町1871
https://tsubaki.or.jp/

ご祭神

猿《さる》田《た》彦《ひこの》大《おお》神《かみ》
瓊《に》々《に》杵《ぎの》尊《みこと》
栲《たく》幡《はた》千《ち》々《ち》姫《ひめの》命《みこと》
天《あめ》之《の》鈿《うず》女《めの》命《みこと》
木《この》花《はな》咲《さく》耶《や》姫《ひめの》命《みこと》
行《ぎょう》満《まん》大《だい》明《みょう》神《じん》

こんな人にオススメ

- 複数の龍のお社にお参りしたい方
- 「金運バクアゲ」したい方
- 人生に「奇跡」を起こしたい方

椿大神社は2000年以上の歴史を持つ日本最古の神社。「椿さん」の愛称で古くから人々に親しまれてきました。

主神としてお祀りされているのは「みちびきとみちひらき」の神様で知られる猿田彦大神。自分の進むべき道を照らしてほしいと願う参拝客で日々賑わっています。

また、その妻・天之鈿女命は芸能の神様。芸能関係者も多く参拝に訪れます。

境内には所々にお社があり、古代の神様が複数祀られています。

木々の緑が豊かにあふれ、晴れの日には日の光が気持ちよく射し込みます。

どのお社も美しいので、女性にも大変人気のある神社です。

金運と奇跡を呼ぶ「龍神三社」

椿大神社には「龍神三社」と呼ばれる、三つの龍神様をお祀りしているお社があります。

一つ目は「庚龍神社《かのえりゅうじんじゃ》」。境内入り口の樹齢400年と伝わるモミの木に龍が宿るとされます。

「庚」とは、甲・乙・丙・丁・戊・己・庚・辛・壬・癸からなる「十干《じっかん》」の一つで、「金」の属性を持ちます。「金の兄」と書いて「かのえ」と読むこともあるそうですが、「お金の兄」ということはすなわち、お金を生み出す根源のエネルギー。

つまり、「庚龍神社」は「お金を生み出す龍神様が祀られている神社」ということになります。こちらでお祈りすれば金運上昇間違いなしです！

二つ目は「龍蛇神両地神社《りゅうじゃじんりょうちじんじゃ》」。「かなえ滝」が近くにあり、滝の水しぶきの音が心地よく感じられる場所です。

こちらには「龍」「蛇」「両地」の三つの神様がお祀りされています。「龍」は「水」の神様。「蛇」は古来から龍と同一視されていますが、こちらでは「地」の神様を指します。そして、「両地」は、椿大神社の主神「みちびきとみちひらきの神様」である猿田彦大神のこと。つまり、こちらは水の神様、地の神様、道開きの神様の全てのご利益をいただける神社なのです。

龍も蛇も、お金に大変に縁が深いですよね。また、「みちひらき」とは「夢が叶う」と同意。

こちらにお参りすると、夢が叶って、お金が龍

のごとく流れてきます。さらには、巳（蛇）の神様のパワーで金運が爆上がりすることでしょう！

三つ目は「立雲龍神社《たちくもりゅうじんじゃ》」。

こちらは子育て・虫封じ・腫れ物除去の神様としてお祀りされているのですが、個人的には「龍神三社」の中で一番エネルギーがパワフルな神社だと捉えています。

そして、信じられないような奇跡的な出来事が起こったのも、この「立雲龍神社」でした。

僕が10名程のお客さんたちと一緒に参拝したときのこと。椿大神社の本殿をお参りしようと列に並んでいると、空は晴れているにもかかわらず、雨がぽつん、ぽつん、と降り始めました。

「龍は水の神様。雨を降らせたり、止ませたりすることができるのですよ。この雨は龍神様からの歓迎の挨拶ですね！」。僕がみなさんにお伝えした直後、青空はものの5分で雨雲に覆われました。そして、台風並みの豪雨が降り出したのです。

あまりの大雨に引き返すことも考えましたが、どうしても「立雲龍神社」にお参りしたかった僕たちは参拝を強行！　豪雨の中、心を込めて参拝しました。

そのときです。少しずつ雨が止み、真っ暗だった空が明るさを取り戻しました。そして、見る見るうちに晴天へと変わったのです。

これを「龍のはからい」と言わずして、なんと言いましょう。

それもそのはず。こちらは「〝立雲〟龍神社」。雲、天気を司る龍神様だからです。「立雲龍神社」は、「奇跡」を起こしてくれる神様です。

龍を感じる場所

「龍神三社」では全て龍を感じますが、一番はやはり「立雲龍神社」でしょう。

行満堂の前庭にあり、木々に囲まれたそのお社では、パワフルかつ神秘的なエネルギーを感じることができます。

僕はこのお社の上に、白銀の龍を見ました。

この龍神様にお参りした後、雨が一気に止んだのです。ありがたくて、幸せで、雨が上がった後、再び参拝し手を合わせました。「立雲龍神社」でお参りすると、あなたの人生にも「奇跡」が訪れるでしょう。

もちろん、金運バクアゲのご利益もありますから、ぜひお願いしてみてください。

SHINGO流・龍神様へのご挨拶

1 「椿大神社」の鳥居の前に立ち、頭の中にある制限的な考え方を振り落とす

2 手水舎で体についている邪気を祓い、水に流す

3 「立雲龍神社」の前の広場にて「ハートチャクラを開く」ワークをし、肉体を高次元化する

4 「立雲龍神社」の頭上に白銀の龍がいることをイメージする

5 二礼二拍手し、全身で白銀の龍とつながる

6 「龍さん、愛してます」と伝え、龍と完全に一体になる

7 「龍さん、私の人生に奇跡を起こしてください。私も動きます」と龍に伝える

8 深く一礼し、参拝終了

「龍の爪」でガッチリと、お金も愛のある人間関係も掴む開運神社！

安《あ》房《わ》神社

千葉県館山市大神宮589番地
http://www.awajinjya.org/

ご祭神

主祭神
天太玉命《あめのふとだまのみこと》

相殿神
天比理刀咩命《あめのひりとめのみこと》

こんな人にオススメ

良縁に恵まれたい方

金運をバクアゲしたい方

龍や金運のお守りで開運したい方

「安房国一之宮」として、古くから親しまれてきた安房神社。主祭神は天太玉命。天照大神《あまてらすおおみかみ》に仕えた神様です。

「天岩戸神話《あまのいわと》」には、天照大神が天岩戸におこもりになられた際、アメノウズメノミコトが踊る祭りをするお話が登場します。天太玉命はその祭りの際、鏡や玉、神様への捧げ物などを準備したと言われ、日本における全ての産業の総祖神様とされています。

そのことから、安房神社は「日本三大金運神社」としても有名です。

また、天太玉命と妃神（妻）の天比理刀咩命は大変仲が良く、夫婦・恋愛関係の充実を始め、仕事のパートナーなどの良縁も与えてくださる神社です。

「龍の爪」で運を掴める神社

日本列島は「龍」の形をしている、と言われています。

頭が北海道で、尻尾が沖縄県だとすると、千葉県は「龍の手」あたり。

館山市にある安房神社はちょうど「龍の爪」にあたる場所にあります。

龍と言えば、赤い玉を持っているのを見たことがある方も多いのではないでしょうか？

あの玉は「如意宝珠」と呼ばれ、「願いを叶える魔法の玉」と言われています。

つまり、安房神社は「願いを叶える魔法の玉」の場所に位置する神社でもあります。

僕は3ヶ月～半年に一度は安房神社をお参りしているので、ある意味では僕の基礎の運を司ってくれている場所だとも言えます。

ダメサラリーマンから短期間で作家・スピリチュアリスト・事業家に転身できたのは、安房神社さんのおかげだと思っています。

お金、自由、愛のある人間関係、全てを得たいのであれば、安房神社さんにお参りすることを強くおすすめします。

訪れた際はぜひ、昇殿参拝をされてください。拝殿の中はとても気持ちがよく、心が満たされますよ。

また、こちらの「金運守」と龍の刺繍が施され

た「神氣守《しんきまもり》」もおすすめ。

僕はお参りのたびに「神氣守」（白・青・赤・金の4種類あります）を受けますが、どのお守りからも強いパワーを感じます。

神様と龍のエネルギーが込められている御守を身につけることにより、恩頼をいただいています。

○青龍と出会った洞窟

安房神社の拝殿向かって左側の境内は、エネルギーがとても強く、体がビリビリするような感覚があります。

真ん中に大きなイチョウの木があるのですが、その裏側の根っこをぜひ見てください。

正面は特に変わった様子はないのですが、裏側に回ると、根っこがクネクネと変形しています。

これは京都の鞍馬寺などにも見られる現象で、エネルギーが高い場所に生えている木の根は、クネクネと不思議な形状をするのです。

つまり、このイチョウの木の裏側に、エネルギーが高い場所があるということ。

ここには「ご神水」があり、石に囲まれた洞窟のようになっています（現在は落石の影響から立ち入り禁止になっていますが、そばに行ってお参りすることができます）。

こちらにお祀りされているのは、ミズハノメノカミ。龍と同じ水神様ですが、ミズハノメノカミ自体が龍神であるという説があります。

実際に、僕はこちらで青龍さんを見ました。

青龍はこの場所を守るのが務めだそうで、洞窟の中で静かにいらっしゃいました。

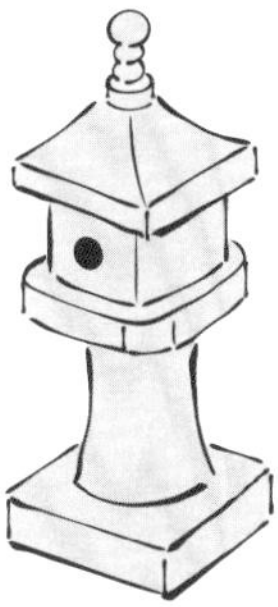

龍を感じる場所

拝殿向かって左側、イチョウの木の裏側にある「ご神水」の場所に、青龍がいます。

僕はこちらを参拝した後、摩訶不思議な体験をしました。

5月にもかかわらず、頭上の山から「雪のようなもの」が大量に降ってきたのです。

千葉の最南端で5月に雪は降りません。

でも、確かに白い小さな粒がこちらを目掛けて、びゅんびゅんと飛んできたのです。

いまでも何が降ってきたのか不明ですが、あれは間違いなく、自然を使った青龍さんの歓迎の挨拶だったのだと思っています。

SHINGO流・龍神様へのご挨拶

1 鳥居の前に立ち、頭の中にある制限的な思い込みを振り落とす
2 手水舎で体についている邪気を水に流す
3 拝殿左側のイチョウの木の裏側にて「ハートチャクラを開く」ワークをし、肉体を高次元化する
4 「ご神水」の場所にいる青龍をイメージ
5 二礼二拍手し、全身で青龍とつながる
6 「龍さん、愛してます」と伝え、龍と完全に一体となる
7 「龍さん、私の人生にお金と愛のある人間関係をください。私も動きます」と龍に伝える
8 深く一礼し、参拝終了

※必ず本殿やその他の場所もお参りしてください。

龍のように導いてくれる
メンターに出会える！

幣《へい》立《たて》神宮

熊本県上益城郡山都町大野712

主祭神

神《かむ》漏《ろ》岐《ぎの》命《みこと》
神《かむ》漏《ろ》美《みの》命《みこと》
大《おお》宇《と》宙《のちの》大《お》和《お》神《かみ》
天《あめの》御《み》中《なか》主《ぬしの》大《おお》神《かみ》
天《あま》照《てらす》大《おおみ》神《かみ》

自分の可能性を広げたい方

人生を導いてくれるメンター（師匠）に出会いたい方

人生を激変させたい方

「幣立神宮」には、初代神武天皇の皇孫にあたる健磐龍命《たけいわたつのみこと》がこの地に「幣帛《へいはく》」を立てて天津神・国津神を祀った伝承があるそうです。「幣帛」とは神様にお供えする品。昔は貴重な麻などの「布」が多用されていたそうですよ。

健磐龍命のお名前は、九州地方の神社でよくお見かけします。〝龍〟の字が入っているので、勝手に親近感を覚えているのですが、阿蘇の開拓の神様なのだそう。

大きなヒノキのご神木は、同じ所に根を張り、代々に命脈をつないで生い茂るそうで、太古に神霊カムロギ・カムロミが留まったとされています。

幣立神宮は、この二柱を祀る聖地の根本となる神社で、高天原・日の宮と呼ばれています。

宇宙創生の龍〝宇宙龍〟がいる神社

「幣立神宮」の境内の左奥には、小さくて黄色味がかった鳥居があります。そこから林の道を下るように5分ほど歩くと、眼下に小さなお社が見えてきます。

　ここが僕のおすすめの龍神スポット、幣立神宮の中にある「東水神宮《ひがしすいじんぐう》」です。

　こちらの鳥居には、ぐるぐるとトグロを巻いた龍が彫ってあるのですが、このトグロを持つのは〝宇宙龍〟だと感じました。

　日本神話ではイザナキとイザナミが、どろどろの宇宙に矛を突き立て、〝ぐるぐる〟と回して「おのころ島」を創ったとされています。おのころ島とは「自ずから転がる島」。つまり、「地球」を指すと言われています。

　87ページでも書きましたが、この宇宙創生の〝ぐるぐる〟したエネルギーは「龍」だったという説があります。

　地球の起源は龍だったんですね。宇宙も同じ。原初は龍のエネルギーだったと感じます。「東水神宮」には、この宇宙創生の龍〝宇宙龍〟がいると感じるのです。

○二本の竹筒から流れる「ご神水」

「東水神宮」には「ご神水」があります。

　その昔、このご神水を混ぜることで水源を清めたり、または不老長寿の妙薬として求められたと伝わります。

その神宿るご神水を、こちらでは実際に飲むことができます。二本の竹筒から流れ出てくるのですが、面白いことに、それぞれの竹筒から出てくるご神水の味が違うのです。

とても微妙な感覚なのですが、飲んだときのまろやかさ、味、手で触れたときの感じもそれぞれ違います。ぜひ、お参りに来られた際は体感してみてください。

○優しくも厳しい龍神様

「東水神宮」にいらっしゃるのは、優しくも厳しい龍神様です。僕がお参りしたときには姿こそ見えませんでしたが、「もっと精進しなさい」という力強いメッセージをくれました。

厳しい言葉を、優しく愛を持って伝えてくれた。まるで、僕を導くメンターのようでした。

スケールの大きな存在に出会うと、現状に甘んじてはいけない、もっと努力して大きな存在になりたい、と思うものです。

僕はそれまでも日本各地の神社にお参りし、自分ではかなり行動していたつもりでしたが、東水神宮の龍神様に出会い、もっと努力して大きな自分になりたいと思うようになった。

そこで、まだ行ったことのない国内の神社、さらには海外の聖地にも行くようになりました。

こちらの龍神様は、いままでのちっぽけな自分をアップデートして「より大きな自分」へと誘ってくれます。

いまよりステージアップしたい人はぜひ、「東水神宮」にお参りすることをおすすめします。

お金・仕事
人間関係
恋愛・パートナーシップ
スピリチュアル能力

龍を感じる場所

おすすめの龍神スポットは、幣立神宮の中にある「東水神宮」です。こちらには先ほどお伝えした通り、宇宙龍がいます。

また、お社の前にある「水玉の池」は龍が水を飲んだり、休んだりする場所だと感じました。

僕が池に手を合わせると、その瞬間、びゅううと風が吹きました。まるで、龍さんからの歓迎の挨拶のよう。体中にビリビリと鳥肌が立ち、気持ちが昂《たかぶ》るのを感じました。

こちらの龍神様は、池の水面に浮かぶように鎮座。

長い体をぐるりと巻き、すやすやと心地よさそうに、穏やかに眠られていました。

眠られていても、その力強さは見ているだけで圧倒されるほどでした。

SHINGO流・龍神様へのご挨拶

1 東水神宮への道を歩きながら、邪気が体から抜けるのを感じる

2 「水玉の池」の前で、頭の中の制限的な考え方を振り落とす

3 「水玉の池」にいる龍をイメージして手を合わせる

4 ご神水に触れ、体についている邪気を流す

5 二つのご神水の味の違いを確かめる

6 「ハートチャクラを開く」ワークをして、肉体を高次元化する

7 本殿の中の「宇宙龍」をイメージする（鳥居に木彫りの宇宙龍がありますので、その形を参考にしてください）

8 二礼二拍手し、全身で本殿の龍とエネルギーでつながる

9 「龍さん、愛してます」と伝え、完全に龍と一体になる

10 「龍さん、私をステージアップしてくれるメンターと会わせてください。私も動きます」と伝える

11 深く一礼し、参拝終了

奇跡の縁結び神社！
全ての願いが叶う
最強パワースポット

神《しん》龍《りゅう》八《はち》大《だい》龍《りゅう》王《おう》神社

熊本県菊池市龍門長野（竜門ダム直下）
http://www5.plala.or.jp/ryu-mon/ryuou.html

ご祭神

神《しん》龍《りゅう》八《はち》大《だい》龍《りゅう》王《おう》神《じん》

こんな人にオススメ

- 悩み事を解決して幸せになりたい方
- 良縁により「ブレイク」したい方
- 人に愛される人生を送りたい方

「神龍八大龍王神社」は、熊本県菊池市〝龍門〟という場所にあります。

そして、神社の北にある「竜門ダム」の形状は、なんと〝龍〟の形。地名も近くのダムの形状も「龍」なので、とても龍にゆかりがある神社さんです。

さらには、この地には「龍伝説」も残っています。

神社の裏手に流れる川には「男《お》龍《りゅう》」「女《め》龍《りゅう》」と呼ばれる2箇所の「淵（川底が深い場所）」があるのですが、こちらには「雄龍」と「雌龍」が棲んでいたのだそう。

昔はここで、龍神様に祈りを捧げる雨乞いなどの儀式が行われていたそうですよ。

「良縁」と「金運」をもたらす神社

「宇宙最強のパワースポット」と言われる神龍八大龍王神社。

こちらでは、全ての悩みが解決し、金運、良縁、ありとあらゆる願望が叶うとされています。

それもそのはず。鳥居をくぐると、もう別世界。ざわざわと鳥肌が止まりません。

本殿に向かうには竹林の中の階段を下りるのですが、風がびゅうびゅう吹き、参道を歩いているだけで体中がビリビリとしびれるようなエネルギーを感じました。

少し立ち入るだけで、大変に強力な龍神様がいらっしゃる予感がする。それほど神聖な場所です。

階段を下り切り、鳥居をくぐると右手に川が流れています。

ここが龍神伝説の残る「男龍」と呼ばれる場所です。

実際に、この川の「淵」で龍を感じました。

とぐろを巻いた、大きくて力強い黒龍さんでした。

神龍八大龍王神社には手水舎がありませんので、こちらの川で手を清めましょう。

川の流れに耳を澄ませると、自分の中にある制限的な思い込みが全て洗い流されるような感覚があります。

境内にある石碑には、「この神竜八大竜王神様は宇宙最高の神であり」「世の一切の苦難・病難・

願望・悩みごと・すべての人の幸を誘いていただけます」と書かれています。

要約すると「宇宙最高の神様が、最高の幸せを与えてくださる神社」ということ。それだけスペシャルな神社さんなのです。

また、石碑には「真心をだせよ、真ありてこそ神に通じる」とも書かれています。

「真心」は、僕の解釈では「愛」と同義。

「愛を出せば、神様と通じる」。本文で何度もお伝えしている僕の持論と同じことが書かれており、大変嬉しく感じます。

○参拝するたびに「ブレイク」

僕はこちらをお参りをするたびにステージがアップします。

最初は知名度も大してありませんでしたが、参拝後、当時運営していたオンラインサロンの会員数が大きく伸びました。

2回目の参拝後には出版が決定、3回目の参拝後には大規模イベントのオファーをもらうなど、参拝するたびに、活動の幅が広がりました。

神龍八大龍王神社は「ブレイク」する（＝人気が出る）神社だと思っています。

こちらにお参りすると、たくさんの人との「縁」をつないでもらえます。

そして、知名度が向上し、活動のステージがアップします。

もちろん、お金の巡りもよくなりますね。

神龍八大龍王神社は、人生に良縁と金運をもたらす「ブレイク神社」なのです。

龍を感じる場所

「本殿」前には、「神龍」と書かれた緑入りの苔むした鳥居があります。

本殿で手を合わせると、お社の上部に大きな大きな龍神様がいらっしゃいました。

そのお姿はとてもパワフルですが、決して怖くはありません。優しく、見下ろすように僕を見つめてくれていました。

その視線に意識を向けていると、体が自然と揺れ始め、ぐわんと後ろに引っ張られました（龍を感じると、このような感覚があります）。

こちらの龍神様のエネルギーは体全身が揺れるほど高いもの。優しく、力強い龍神様をぜひ、体感してください。

SHINGO流・龍神様へのご挨拶

1 鳥居の前に立ち、頭の中にある制限的な思い込みを振り落とす
2 本殿右側の川で、体についた邪気を水に流す
3 境内にて「ハートチャクラを開く」ワークをし、肉体を高次元化する
4 本殿の頭上にいる、大きくて優しい宇宙最高の龍をイメージ
5 二礼二拍手し、全身で宇宙最高の龍とつながる
6 「龍さん、愛してます」と伝え、龍と完全に一体となる
7 「龍さん、私と多くの人とのご縁をつないでください。私も動きます」と龍に伝える
8 深く一礼し、参拝終了

一度破れた恋が、元に戻って復縁する！

神奈川県

江《えの》島《しま》神社

神奈川県藤沢市江の島2丁目3番8号
http://enoshimajinja.or.jp/

ご祭神

奥津宮
多紀理比賣命《たぎりひめのみこと》

中津宮
市寸島比賣命《いちきしまひめのみこと》

辺津宮
田寸津比賣命《たぎつひめのみこと》

こんな人にオススメ

- 破れた恋に再チャレンジしたい人
- 元カレ・元カノと復縁したい人
- 恋もお金も成就させたい人

湘南・江ノ島エリアを代表する人気観光地にもなっている「江島神社」。縁結びをはじめ、金運向上、芸道上達など様々なご利益があると言われ、連日多くの人で賑わっています。「奥津宮《おくつみや》」「中津宮《なかつみや》」「辺津宮《へつみや》」の三社からなり、それぞれの社には、天照大神と須佐之男命の誓約《うけい》によって生まれた三姉妹の女神様が祀られています。

この三女神は仏教との習合によって「弁財天女」とされ、「江島弁財天」として信仰されるように。安芸《あき》の宮島、近江の竹生島《ちくぶしま》と並ぶ「日本三大弁財天」に数えられています。

「江島神社」に伝わる絵巻物には龍と弁財天との恋物語が描かれるなど、龍とは縁深い神社です。

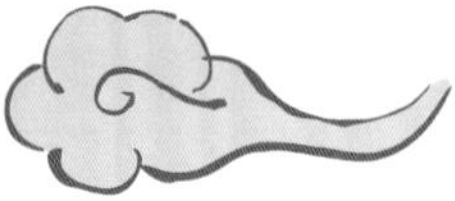

弁財天と龍の恋愛伝説が残る縁結びの神社

江島神社に伝わる『江島縁起』によれば、いまから約1500年前、江ノ島近辺の鎌倉の地には、頭が五つある龍がいたそうです。

この龍は悪さをする龍で、長年、そこに住む村人たちを困らせていました。

そこにある時、空からそれはそれは美しい、光り輝く弁財天が降りてきました。この、弁財天が降り立った場所が「江ノ島」です。

その様子をコッソリ見ていた龍は、「なんて美しい天女なんだ！」と弁財天に一目惚れ。「天女さん、結婚してください！」と出会って早々、いきなりプロポーズします。

しかし、弁財天は「アンタみたいな村人を困らすようなヤツと結婚できるかいな！」と完全拒否。龍はアッサリ恋に破れるのです。

それでもあきらめきれなかった龍は我が身を振り返り、自らの行いを反省。改めることを誓います。

そして、再び弁財天の元を訪れ、求婚。

「もう悪いことはしません。心を入れ替えて村人を護ります。だから、結婚してください」

その誠実さに心を動かされた弁財天は、龍との結婚を決意。龍の一世一代の恋は実ったのです。

弁財天との結婚を機に、龍は約束通り、心を入れ替えます。

まるで別人（別龍）になったかのように人々を護り、村には平和が訪れるようになりました。

なんともロマンチックな恋物語。

江島神社が「縁結びの聖地」と言われるようになったのも、納得ですよね。

○ 龍がお願い事を天高く飛ばしてくれる

いまも、縁結びのご利益を求めてお参りに来られる方で連日、賑わっている江島神社。

特に、「龍宮《わだつみのみや》」でお参りすると、龍がお願い事を天高く飛ばしてくれると言われています。

こちらには巨大な龍の像があり、その周りにはたくさんの龍がエネルギー体で飛んでいます。まるで、龍たちが寄ってたかって、参拝者を幸せにしたい！　と集まっているよう。

恋愛成就や復縁を願う方はぜひ、「江ノ島龍神伝説」にあやかって、「龍宮」の龍神様にお願いしてみましょう。

もちろん、恋愛以外のお願い事でもいいですよ。

○ ピンクのハートの「縁むすび絵馬」

江島神社と言えば、「絵馬」も人気。

一般的な絵馬は、シンプルな木の板であることが多いですが、こちらの「恋むすび・縁むすび絵馬」はピンク色。

真ん中には大きなハートマークが描かれていて、とてもかわいいです♪

別れてしまったあの人の名前を書いて復縁を願うもよし、気になる人の名前を書いて、成就を願うもよし。

これからの出会いに期待したい人は、自分の名前を書くだけでもいいそうです。

龍を感じる場所

江島神社で龍のエネルギーを強く感じられるのは、巨大な龍のモニュメントが特徴的な「龍宮」。

ご祭神である「龍宮大神」が表現されています。こんなに大きな龍神様の像はなかなか見ることができません。

「龍の置物」を自宅に置くと龍の力が借りられる、と前述しましたが、「像」にはそのエネルギーを呼び寄せる力があります。

「龍宮」を訪れると鳥肌が立つ、という人が大勢いるのですが、鳥肌は龍のエネルギーを感じるセンサーのようなもの。

実際、こちらの龍像の周りにはたくさんの龍が飛んでいるので、それだけエネルギーが高いのでしょう。

龍の存在をとてもわかりやすく感じられる場所なので、ぜひ訪れてください。

SHINGO流・龍神様へのご挨拶

1 江島神社の入り口にある「青銅鳥居」の前に立ち、頭の中にある制限的な考え方を振り落とす

2 手水舎で体についている邪気を水に流す

3 「龍宮」に行き、お参りを行う前に「ハートチャクラを開く」ワークをし、肉体を高次元化する

4 お社の中の御神体にいる龍宮大神をイメージする

5 二礼二拍手し、全身で御神体の龍とエネルギーでつながる

6 「龍さん、愛してます」と伝え、完全に龍と一体になる

7 「龍さん、江ノ島龍神伝説のように復縁を成就させてください。私も動きます」と伝える

8 深く一礼し、参拝終了

ツインレイと
出会えるようになる！

貴《き》船《ふね》神社

京都府京都市左京区鞍馬貴船町180
https://kifunejinja.jp/

ご祭神

本宮
高龗神《たかおかみのかみ》

結社
磐長姫命《いわながひめのみこと》

奥宮
高龗神《たかおかみのかみ》

こんな人にオススメ

ツインレイに会いたい人

長くお付き合いできるパートナーに会いたい人

優しい気持ちになって、元気になりたい人

貴船神社は、龍神様をお祀りしている神社として大変に有名です。御祭神は、雨を降らせたり、止めたりする水の神様「高龗神」。「龗」とは「龍」のことです。

貴船神社にお参りに行くと、雨の確率が非常に高いです。参拝しているときは雨が止み、終わるとまた降り出す（もしくはその逆）。貴船龍神様は雨を降らせたり、止ませたりして、歓迎のサインを送ってくれるのです。

こちらを訪れると、不思議と元気になります。とても温かい生命エネルギーを感じることができます。

「本宮」「結社」「奥宮」の三つのお社があり、それぞれに個性があるので、ぜひ全て訪れてみてくださいね。

「ツインレイ」に出会える神社

「貴船神社」の〝貴船〟は、別名〝氣生根〟。〝氣が生じる根〟、つまり、氣（エネルギー）が生じる根本の場所、ということですね。

そして最近、恋愛に関して、特にスピリチュアルの分野で非常に注目されているのが「ツインレイ」という概念です。

「ツインレイ」とは、「自分の魂の片割れ」のこと。私たちはこの世に生まれるとき、一つの魂が二つに分かれることがあります。

この分かれたもう片方の魂が「ツインレイ」。そのほとんどは男女の対です。

似た言葉に「ソウルメイト」がありますが、こちらは過去生から魂でつながっている友人や恋人、家族のこと。よって、性別を問わず、複数存在します。

一方、「ツインレイ」は、この世にたった一人だけ。

その特別な存在と出会うと魂が統合され、二人の人生が飛躍すると言われています。

実は、「貴船神社」はこの「ツインレイ」に出会える神社であると考えています。

○貴船神社の龍神様は「ツインレイ」？

貴船神社には「山の龍神」と言われる「高龗神」と、「谷の龍神」と言われる「闇龗神」が祀られているのですが、どちらも起源は「カグツチ」という火の神様。

第2章でイザナキがカグツチを斬り殺すエピソードを紹介しましたが、このときカグツチの「血」から生まれたのが、高龗神と闇龗神。

両龍神は、「カグツチの血」という同じエネルギーから分かれて生まれました。

つまり、両龍神の魂は同じなのです（現に、貴船神社の社記には「高龗神と闇龗神は呼び名は違っても同じ神なり」という記述があるそうです）。

でも、「山の龍神」と「谷の龍神」は性質が真逆ですね。その形状から、山は男性性、谷は女性性を思わせます。

つまり、魂は一つだけど、性質の違う男女。現代で言うところの「ツインレイ」なのです。

○恋愛の神様「イワナガヒメ」

さらに、貴船神社の結社には、恋愛の神様である「イワナガヒメ」が祀られています。

イワナガヒメは「イワ（岩）」のように「ナガ（長）」く、パートナーと一緒にいられる象徴。

貴船神社にはいまも、生涯、仲睦まじく一緒にいられるパートナーを求めて多くの参拝客が訪れています。

自分のありのままを受け入れてくれて、同時に価値観を共にしつつ、お互いに成長しあえるパートナーが欲しい。

そんな方にはうってつけの神社さん。

ツインレイの龍神とイワナガヒメの恋愛エネルギーが充満している貴船神社にお参りすれば、きっとあなたもツインレイに出会えますよ。

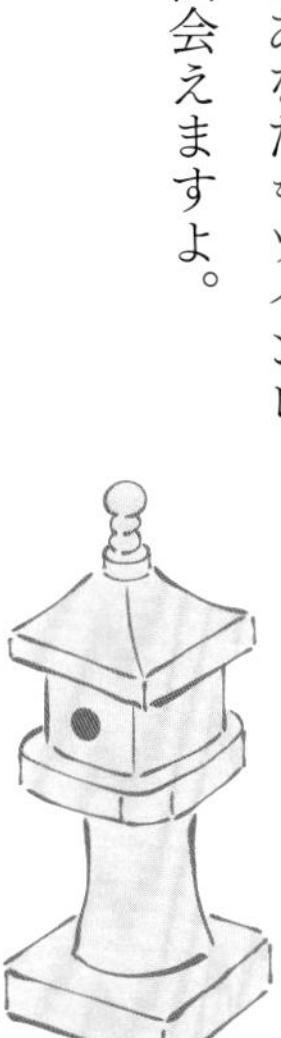

龍を感じる場所

こちらの「奥宮」には、「日本三大龍穴」の一つがあります。境内に入ると、そこは異空間。宇宙とつながった場所で、温かいエネルギーが充満しています。

まずは、意識を地中深くに向けて「龍穴」を感じましょう。龍穴とは「龍脈（地のエネルギーの流れ）」が集まる場所。つまり、地面の中に龍がいて、この奥宮に集結しているのです。

地中からの「熱」や「圧」に、僕は「闇龗神」を感じました。お社の上には、金の龍神様が現れてくれました。芸能人でたとえると、笑福亭鶴瓶さんのようなニッコリ笑顔。僕は「高龗神」だと感じました。

夕方であたりは薄暗く、怖い雰囲気でしたが、龍神様の幸せそうな笑顔に、気持ちが嘘のように晴れ渡りました。

こちらでは天と地に意識を向けて、龍を感じてください。

SHINGO流・龍神様へのご挨拶

1「奥宮」の鳥居の前に立ち、頭の中にある制限的な考え方を振り落とす
2手水舎で体についている邪気を水に流す
3境内の開けた場所で「ハートチャクラを開く」ワークをし、肉体を高次元化する
4地中に意識を向け、地龍をイメージし、足の裏で感じる
5奥宮の拝殿に行き、金龍をイメージし、温かな笑顔を感じる
6二礼二拍手し、全身で地龍と金龍にエネルギーでつながる
7「龍さん、愛してます」と伝え、完全に龍と一体になる
8「龍さん、ツインレイに会わせてください。私も動きます」と伝える
9深く一礼し、参拝終了

龍が見えるようになる!?
龍神パワースポット

高《こう》野《や》山《さん》金《こん》剛《ごう》峯《ぶ》寺《じ》·奥《おく》之《の》院《いん》

和歌山県伊都郡高野町高野山132
https://www.koyasan.or.jp/

開創

弘法大師空海

こんな人にオススメ

龍が見えるようになりたい人

「龍神結界」の中に入ってエネルギーを受け取りたい人

自分の人生をまっすぐに生きたい人

平安時代のはじめに開創された、日本仏教の聖地「高野山」。高野山は「一山境内地」と称され、山全体がお寺。国、社会の安寧とそこに住まう人々の幸福を願い、真言宗の開祖・弘法大師空海によって開かれました。

神社をメインにご紹介している本書ですが、唯一、寺院を紹介させていただきます。

こちらは、僕にとって外すことのできない特別な場所。僕が初めて龍と出会ったのが、高野山「奥之院」でした。周辺には「龍神」と名のつく場所が数多く存在し、いたるところで龍のエネルギーを感じることができます。

まだ龍の存在を感じたことがない方も、こちらを訪れれば龍と出会えるかもしれません。

龍と出会える確率が高い特別な場所

僕はかつて身も心もズタズタの状態で、心のケアのために全国の神社仏閣をお参りしていました。その中で訪れたのが「高野山・奥之院」でした。奥之院の御廟《ごびょう》に向かうには、「一の橋」という橋を渡ります。

僕はこの橋の前に立った瞬間、涙が溢れそうになりました。とても懐かしいような、来るべくして来たかのような、そんな不思議な感覚が訪れたのです。

続いて「燈籠堂」の中に入ると、お堂の奥に「何か」が見えました。ゆらゆらとうごめく波のような、蜃気楼のような。よく見るとひげがあって、つのに、目もある！

そう、それは龍でした。お堂の中に龍がいたのです。初めは目を疑いましたが、その瞬間、頭がぼうっとし、やがて何とも言えない至福感に包まれました。

きっと、龍と一体になっていたのだと思います。

○「龍神結界」

高野山・奥之院周辺には「龍神」と名のつく場所が数多く存在します。

高野山から車で約1時間の場所には「龍神村」があり、村内には「龍神温泉」があります。さらに、そこに向かう道路の名前は「高野龍神スカイライン」。

これは僕の見解ですが、高野山・奥之院の近辺には「龍神結界」が張られていると思います。その中に入ると、龍が見える確率がぐっと高くなる。

僕に龍が見えたのは、きっと結界の中に入ったからだったのでしょう。

○「自分を生きる」エネルギー

「燈籠堂」の地下には、空海の肖像画と、密教の仏具である「金剛杵《こんごうしょ》」があります。

ここでは心から手を合わせたくなり、同時に空海さんがすぐそばにいるような感覚がありました（実際、この場所で空海さんを感じたという人はたくさんいます）。

僕はこちらで、空海さんから「自分を信じて進みなさい」というメッセージをいただきました。

空海さんは、自分の使命をしっかりと生きた人だったようです。

「弘法にも筆の誤り」ということわざがある通り、書の達人であった空海さん。時の天皇から京都に来て書を書くようにと、お呼び出しがかかります。

ところが、空海さんはなんと「いまは禅の修行中だから」と辞退されたのだそうです。

相手が天皇であっても「私にはやりたいことがあるので」と言い切る。

「自分軸」を失いがちな現代人には参考になる生き方です。

高野山・奥之院では、龍のエネルギーを感じながら、空海さんの「自分を生きる」エネルギーにも触れることができます。

龍を感じる場所

龍がいるのは、高野山・奥之院にある「燈籠堂」。

名前の通り、天井からはたくさんの燈籠が吊り下げられています。少し薄暗く、静かにお参りができる場所です。

僕はこちらで、生まれて初めて「龍」という存在を肉眼ではっきりと見ました。

それは、白く、琥珀《こはく》色がかった、大きな龍でした。

それまで龍に出会ったことがなかった僕が、初めて龍と出会い、一体になった場所。

つまり、経験のない人でも龍と出会える可能性が高い場所、ということです。

あなたもぜひ一度、高野山・奥之院を訪れてみてください。僕と同じような体験ができるかもしれません。

SHINGO流・龍神様へのご挨拶

1 高野山・奥之院にある「燈籠堂」に行く

2 「一の橋」の前で、頭の中にある制限的な考え方を振り落とす

3 「水向け地蔵」で、体についている邪気を水に流す

4 参道を歩き、体からさらに邪気が抜けていくのを感じる

5 燈籠堂の前で「ハートチャクラを開く」ワークをし、肉体を高次元化

6 燈籠堂に入り、手を合わせ、お堂の中の龍をイメージする

7 全身で龍のエネルギーとつながる

8 「龍さん、愛してます」と伝え、完全に龍と一体になる

9 「龍さん、あなたを目で見せてください」と伝える

10 目の焦点を外し、お堂の中をぼんやりと見つめる（細長く蜃気楼のような龍体のエネルギーが見えたらそれが龍です）

11 深く一礼し、参拝終了

第三の目が覚醒！
あなたも
魔法使いになれる！

戸《と》隠《がくし》神《じん》社《じゃ》・九《く》頭《ず》龍《りゅう》社《しゃ》

長野県長野市戸隠3506

https://www.togakushi-jinja.jp/

ご祭神

奥社
天《あめの》手《た》力《ちから》雄《おの》命《みこと》

中社
天《あめの》八《や》意《ごころ》思《おもい》兼《かねの》命《みこと》

宝光社
天《あめの》表《うわ》春《はるの》命《みこと》

九頭龍社
九《く》頭《ず》龍《りゅうの》大《おお》神《かみ》

火之御子社
天《あめの》鈿《うず》女《めの》命《みこと》
高《たか》皇《み》産《む》御《す》霊《びの》命《みこと》
栲《たく》幡《はた》千《ち》々《ち》姫《ひめの》命《みこと》
天《あめの》忍《おし》穂《ほ》耳《みみの》命《みこと》

こんな人にオススメ

- スピリチュアル能力を開発したい
- 第三の眼を開きたい
- スピリチュアルワーカー・魔法使いになりたい

霊山・戸隠山の麓にある「戸隠神社」は、日本の聖地の中で最もパワフルな場所の一つ。

遠い神代の昔、「天《あま》の岩戸《いわと》」が飛来し、現在の姿になったと言われる戸隠山を中心に発達し、「天の岩戸開きの神事」に功績のあった神々がお祀りされています。

「奥社《おくしゃ》」「中社《ちゅうしゃ》」「宝光社」「九頭龍社」「火之御子社《ひのみこしゃ》」の五社からなる神社ですが、特に神秘的だと感じるのが「奥社」と、そこに隣接する「九頭龍社」。

二社に至るまでの参道もまた、非常にエネルギーが高い場所です。

また、こちらに参拝することにより「ブレイクする（人気が出る）」と言われているパワフルな龍の神社です。

「第三の眼」を開いてくれる神社

戸隠神社の奥社に向かう参道を歩いていると、とても不思議な感覚が訪れます。

具体的には、まず目の焦点が合わなくなってきます（多くの人が体験しています）。

視界がぼやあっとし、周りの木々をまっすぐ見ても、右目、もしくは左目だけがボヤけてしまい、ちゃんと見ることができない。

ちょっと不思議な世界に飛び込んでしまったかのような感覚になります。

僕たち人間は、驚くほど目から入ってくる情報に頼っています。

視覚からの情報が五感全体の7割と言われているほど。

「いちばんたいせつなことは、目に見えない」。

これはサン＝テグジュペリ作『星の王子さま』の有名な一節ですが、僕たちは視覚に頼りすぎていて、目に見えない情報を取り逃している可能性があります。

こちらの参道では一時的に「物理的な目」のはたらきが抑えられることで、目に見えないエネルギーを感知しやすくなるのではないかと思います。

その一方で、活性化するのが「高次元の眼（第三の眼・サードアイ）」と、その奥にある「松果体」（スピリチュアルな能力を司ると言われている脳内の小さな内分泌器）。

「松果体」は本来、クリスタル（ケイ素）でできているのですが、現代人は石灰化していると言わ

れています。

ここがクリスタル化すると「第三の眼」が開く。結果として、龍が見えたり、精霊が見えたりすると言われているのです。

戸隠神社の参道で目の焦点が合わなくなるのは、両目の奥にある「松果体」がクリスタル化しつつあることを示しており、実際に、その合わない焦点のまま参道の大木の間を見ると、精霊や龍が見えることがあります。

ぜひ、参道を歩きながら、エネルギー体が見えないかトライしてみてください。

細長く蜃気楼のような龍体のエネルギーが見えたら、それが龍です。

○ 龍と宇宙のエネルギーで覚醒

九頭龍さんがいるのは、「九頭龍社」。

こちらの境内も異次元の感覚があります。

宇宙船に乗っているような感覚で、ひょっとしたら僕は宇宙から来たのでは？　と宇宙人だった頃の記憶が思い出されました。

九頭龍社の階段を下りた脇の広いスペースでは心がワクワクし、踊りたくなりました。

ちょっと頭がおかしくなったのでは？　と自分でも思うのですが、これは龍とダンスをしていたんだ、と解釈しています。

とても大きな九頭龍と宇宙のエネルギーに触れれば、眠っていたスピリチュアルな能力が目覚め、あなたもエネルギーワーカー（魔法使い）になれることでしょう。

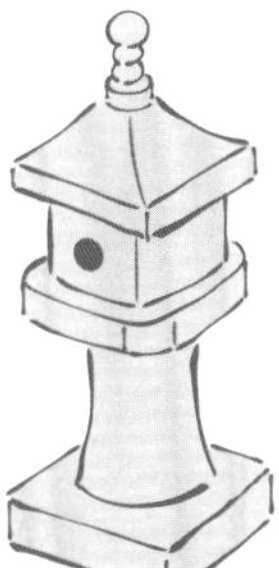

龍を感じる場所

龍がいるのは、参道を歩き、急な傾斜を登り切った先にある「九頭龍社」です。

戸隠の九頭龍さんはとても大きい龍神様です。あまりにも大きくて、そのエネルギーにすっぽりと覆われるような、龍の体内に入っているかのような感覚があります。

龍の体内に入ると、僕たちの感覚はさらに不思議さを増していきます。龍が見えたり、龍の声が聞こえたり、木々の声が聞こえたり。あるいは、予知夢を見たりするかもしれません。

こちらの九頭龍さんには「スピリチュアル能力を覚醒させてください」とお願いしましょう。

額の中心がムズムズしたり、違和感を覚えたりしたら、第三の目が開き、龍に願いが届いた証拠です。

SHINGO流・龍神様へのご挨拶

1 「九頭龍社」「奥社」に向かう参道の鳥居の前で、頭の中にある制限的な考え方を振り落とす

2 参道を歩きながら、大木の間をぼんやりと見つめ、エネルギー体が見えないかトライしてみる

3 「九頭龍社」直前にある滝で、体についている邪気を水に流す

4 「ハートチャクラを開く」ワークをして、肉体を高次元化する

5 「九頭龍社」にて二礼二拍手し手を合わせ、お社を覆うほどの大きな九頭龍をイメージする

6 全身で龍のエネルギーとつながる（龍の体内に入るイメージ）

7 「龍さん、愛してます」と伝え、完全に龍と一体になる

8 「龍さん、あなたを感じています。私のスピリチュアル能力を覚醒させてください」と伝える

9 深く一礼し、参拝終了

龍と仲良くなって、
不思議な奇跡体験が
起こる！

八《はち》大《だい》龍《りゅう》王《おう》水《すい》神《じん》

宮崎県西臼杵郡高千穂町大字岩戸6521
http://www.hachiryu.jp/

ご祭神

八《はち》大《だい》龍《りゅう》王《おう》水《すい》神《じん》

こんな人にオススメ

不思議な体験がしたい人

龍と仲良くなりたい人

龍のエネルギーで奇跡体験を起こしたい人

「天孫降臨の地」として知られる宮崎県・高千穂にある龍神神社と言えば、「八大龍王水神」です。

八大龍王は、観世音菩薩の守り神とされ、水神様として古くから人々に崇拝されてきました。

こちらの神社自体は決して大きくないのですが、境内から前方に大きくせり出した巨大な榎《えのき》の御神木が参拝者の度肝を抜きます。

枝がくねくねと宙を泳ぐように生えており、まるで複数の龍が空を飛び交っているよう。

見た目のパワフルさに反し、そのエネルギーは穏やかで優しいものです。龍神様の神社にある御神木だけあって、龍の特徴である「愛とパワフルなエネルギー」が込められています。

八大龍王様の「不思議な力」を感じる神社

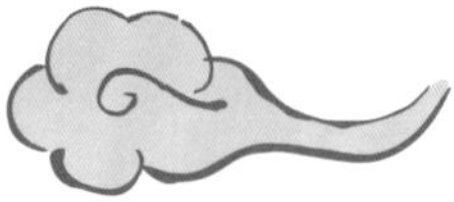

「八大龍王水神」を訪れると、御神木や大きな木々に頭上を囲まれるので、まるで小さなドームの中にいるよう。

八大龍王様のドームの中で、ゆったりと心地よくお参りすることができます。

境内中央にはとても霊力の高い「ご神水」があります（この水を目当てに県外からわざわざ参拝に訪れる方もいるほど）。

ここで日頃の邪気を祓い、さらに肉体を「高次元化」しましょう。

本堂に向かうと、龍の好きな「卵」がたくさんお供えされています（野生動物などに荒らされないよう、ケースに入れてお供えします）。

この卵の量に、たくさんの人に愛されている龍神様だということを知ることができます。

本堂で手を合わせると、不思議と心の奥から感謝の念が溢れてきました。

○「龍神祝詞《のりと》」で龍が身近な存在に

こちらの神社では「龍神祝詞」が書かれた紙をお受けすることができます。

「龍神祝詞」は龍神様に唱える言葉。龍と仲良くなる魔法の祝詞です。

僕は参拝するたびにこの紙をいただくのですが、「龍神祝詞」を唱えると、邪気が祓われて清められ、生命エネルギーがアップする感覚があります。疲れていたとしても、唱えるだけで元気に

なるのです。

「龍神祝詞」を唱え出してからというもの、僕はますます龍と仲良くなれています。

それまでよりもさらに、龍を身近に感じるようになったのです。

龍ともっと仲良くなりたい、と思う方はぜひ、唱えてみてください（参拝が難しい方は、「龍神祝詞」で検索してみてくださいね）。

唱え方に決まりはありません。

神社で唱えてもいいですし、家で龍の置物に向かって唱えてもOK。声に出しても、心の中で静かに唱えても問題ありません。

「一字一句丁寧に」読み上げれば、龍神様に気持ちが届きます。

唱えれば唱えるほど、生命エネルギーが上昇し、運気がアップしますよ。

○八大龍王様のお力

こちらを参拝した当時、2作目の著書『お金を呼び込む龍』（光文社）を出版したばかりだった僕は、たくさんの人に読んでもらえるようお願いしました。

するとどうでしょう。なんと僕の本を10冊、50冊、100冊と自分で買って、周りの人たちにプレゼントする人が続出したのです！

おかげさまで、この本は発売してすぐに重版が決まりました。

こんなにありがたいことがあるでしょうか？

僕は直感的に、「八大龍王様が力をお貸しくださったのだ」と感じました。

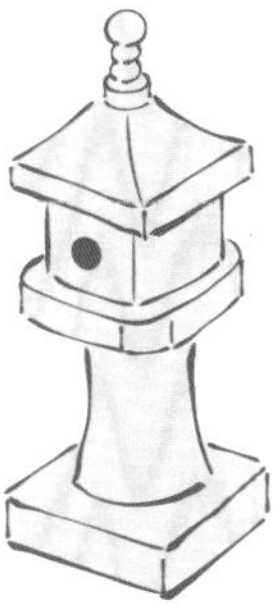

龍を感じる場所

龍は本堂でも感じられますが、その奥の秘密の場所「石社」にいらっしゃいます。

「石社」はロープで区切られていて、気軽には入ることができません（場所はホームページに公開されていますが、写真撮影は禁止されています）。

必ず、厳かな気持ちを持って、荒らすことなく参拝されてください。

僕はこの場所を知らなかったのですが、地元の方に教えていただき、参拝することができました。

「石社」に手を合わせると、出てきてくれたのは金龍様でした。

「龍神祝詞」を唱えて仲良くなれば、きっとあなたにも不思議な体験が訪れますよ。

SHINGO流・龍神様へのご挨拶

1 鳥居の前で、頭の中の制限的な思い込みを振り落とす
2 御神木に触れ、龍のような愛とパワーを感じる
3 ご神水で体についている邪気を水に流す
4 「ハートチャクラを開く」ワークをし、肉体を高次元化する
5 本堂を参拝後、「石社」に行き、二礼二拍手。手を合わせ、金龍をイメージする
6 全身で金龍とエネルギーでつながる
7 「龍神祝詞」を唱えた後、「龍さん、愛してます」と伝え、完全に龍と一体になる
8 「龍さん、仲良くなりましょう。そして、私の人生を次元上昇してください。私も動きます」と伝える
9 深く一礼し、参拝終了

あなたの人生が
劇的に次元上昇する！

秋《あき》元《もと》神社

宮崎県西臼杵郡高千穂町向山6781

ご祭神

国《くに》常《とこ》立《たちの》命《みこと》
国《くに》狭《さ》槌《づちの》命《みこと》
豊《とよ》斟《く》渟《むぬの》命《みこと》

こんな人にオススメ

- 不思議体験がしたい人
- 人生を次元上昇させたい人
- 神様のエネルギーを体中に浴びたい人

宮崎県・高千穂という土地は、とても神秘的な場所です。というのも、高千穂は日本神話における天孫降臨の舞台。天界からニニギノミコトが降りてきた場所だと言われています。

つまり、神様が降りてきて人間が始まった場所、ということですね。天と地をつなぐこの土地には、高エネルギーで神秘的な神社が何社もあります。

神社にゆかりがある方は、一度は訪れてほしい場所なのですが、中でもとりわけ僕が強い思い入れがあるのが秋元神社。

拝殿が鬼門（北東）を向いていることから大きなパワーが宿ると言われている神社さんですが、そのエネルギーの強力さに、思わず声を上げてしまったほどです。

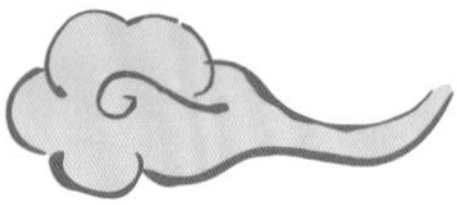

人生が「次元上昇」する神社

秋元神社さんへは車で細い山道を何分も走らなくてはたどり着けません。

人がさほど来ない場所なのでエネルギーの乱れが少なく、神様のエネルギーを直接感じられる秘境中の秘境。そのため、昔から修行者やスピリチュアルな能力を持つ人たちがこの地を訪れてきたそうです。

初めて参拝したとき、僕はあまりの感動に声をあげてしまいました。階段を上った所に鎮座しているお社から、鳥居に向けて流れてくるエネルギーの強力さに驚いたのです。

鳥居をくぐるとそこは異世界。先ほど降りてきたエネルギーが直接、参拝者の細胞にご神気としてはたらきかけてきます。

体が揺れて、とても心地よい気分。「ハートチャクラを開く」ワークをしなくても、勝手に体が「高次元化」してしまうのです。

左奥にはご神水があります。こちらの霊力も相当高く、県外からわざわざこの水を目当てに参拝する方もいるほど。ここで肉体についた邪気を祓い、さらに「高次元化」してください。

広場の左側には、巨大な岩山があります。ちょうど本殿の真裏に位置し、秋元神社の御神体だと感じました。この岩山にも近づくことができますので、ぜひ参拝しましょう。

○摩《ま》訶《か》不思議な体験

最近も、イベントで高千穂を訪れる機会があったのですが、僕は訪れる前から「本を出版する」というインスピレーションを受け取っていました。それまで2冊の本を出版していましたが、当時はどの出版社からもオファーはありませんでした。にもかかわらず、「この高千穂の旅で、本の内容に関するインスピレーションを受け取る」とわかっていました。

　秋元神社の広場でお参りをし、その様子を写真に撮ったところ、僕の頭上に緑と紫の巨大なオーブ（光の玉）がはっきりと映り込みました。緑龍と紫龍でした。二柱の龍が目の前に降りてきて、僕を「次元上昇」のエネルギーで包み込んでくれたのです。

　その1ヶ月後。なんと、出版のオファーをいただきました！　それがいま、手に取ってくださっている「この本」。秋元神社の緑龍と紫龍のエネルギーが奇跡を起こしたのです。

　こんな摩訶不思議な現象がたくさん起こるのが、秋元神社のスゴイところ。この本には秋元神社の「次元上昇」のパワーがたくさん込められています。

「次元上昇」とは、人生が大きく変わること。

　信じられないチャンスや、仕事のオファーなどが来て、当人もびっくりするような奇跡が起こることです。

　訪れると、あなたの人生も「次元上昇」すること間違いなしです！

龍を感じる場所

龍は岩山がある場所にいます。御神体と思われるのは向かって左側の岩山ですが、対になるように右側にも岩山があります。

この左右の岩山は全く異なるエネルギーを持っています。陰と陽、プラスとマイナス、SとN、男性性と女性性など両極のエネルギーです。

生物の生殖がこの両極のエネルギーから行われるように、この場には創造のボルテックス（渦）が起こっています。

こちらの広場では、地から天に向かってエネルギーが渦巻き状に上昇していて、この螺旋のエネルギーが「龍」。地上から天に向かって龍が昇っているのです。

龍のエネルギーに身をまかせながら、両手を上げて自分の人生が「次元上昇」することを意識しましょう。

SHINGO流・龍神様へのご挨拶

1 鳥居をくぐる前に、頭の中にある制限的な考え方を振り落とす
2 参道を歩きながら、上から降りてくるエネルギーを感じる
3 ご神水で、体についている邪気を水に流す
4 「ハートチャクラを開く」ワークをし、肉体を高次元化する
5 本殿を参拝する
6 御神体と思われる岩山の広場に行き、二礼二拍手して手を合わせ、紫龍と緑龍をイメージする
7 全身で龍とエネルギーでつながる
8 「龍さん、愛してます」と伝え、完全に龍と一体になる
9 「龍さん、あなたを感じています。私の人生を次元上昇させてください。私も動きます」と伝える
10 深く一礼し、参拝終了

SHINGO特選

13社のドラゴン・レイライン

今回ご紹介させていただいた、最もエネルギーが高い龍がいる神社13社を線で結ぶと、偶然にも龍の形になります（図参照）。これを「ドラゴン・レイライン」と名付けました。

13社を全てお参りするのは、簡単ではありません。車で何時間もかかる場所や、探すにも一苦労する場所もあります。
「自由」になるのが神社なのに、回りきることが義務になったら本末転倒。もちろん、13社を全て回らなくては「ならない」ということではありません。

ですが、「ドラゴン・レイライン」は「龍の通り道」です。龍とともに、最もパワフルな神社を参拝することで、あなたの人生は最強に開運します。

何年かかっても結構なので、ぜひ、コンプリートしてみてくださいね。

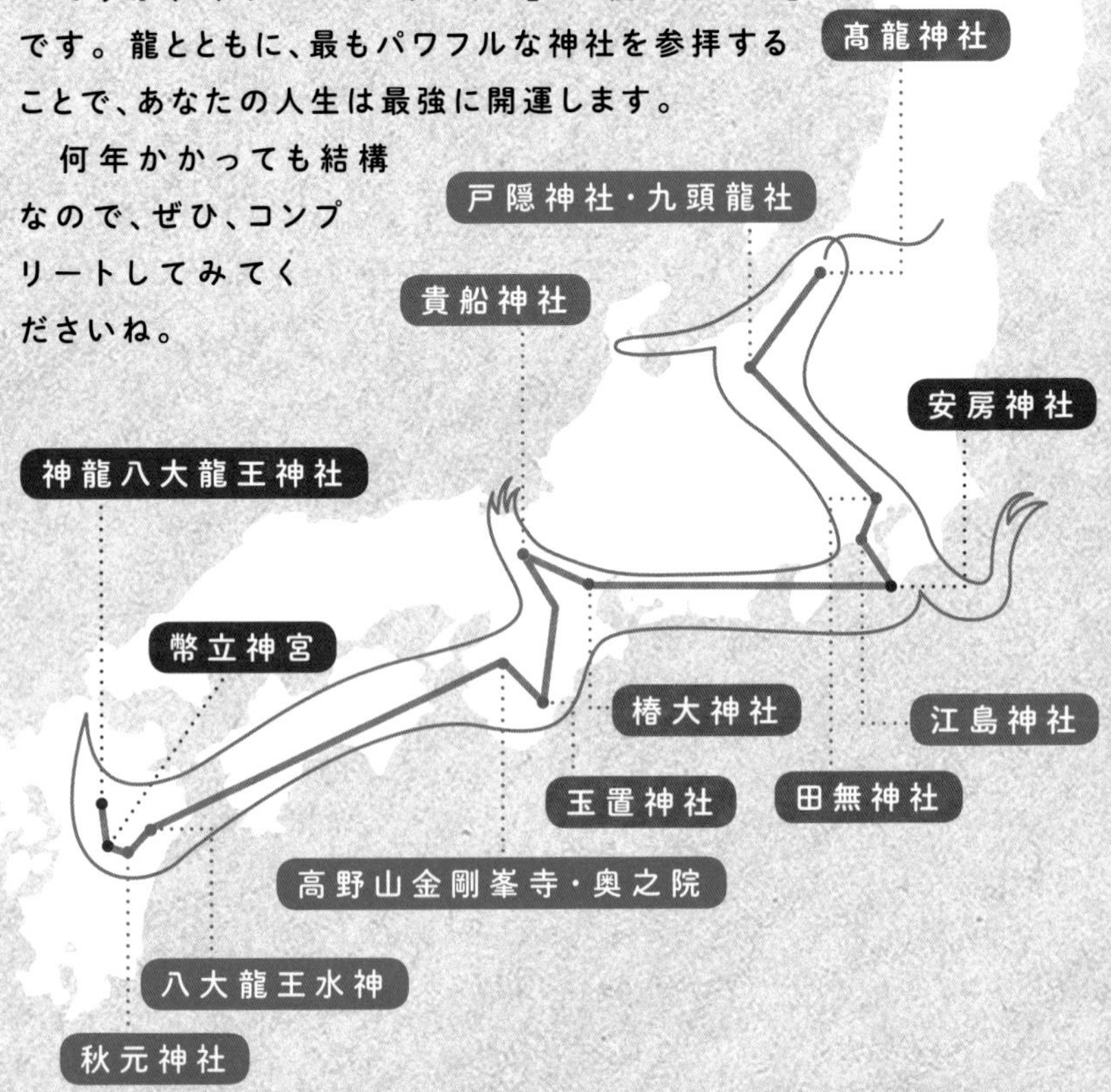

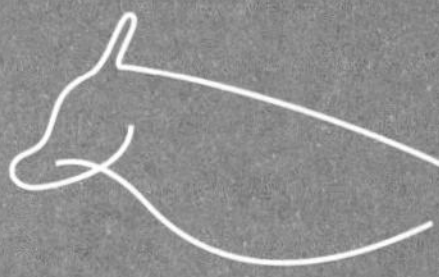

第 6 章

神社で金運バクアゲ!

神社めぐりは龍のツボ押し

第5章では、僕がおすすめしたい龍がいる神社を厳選してご紹介しました。第6章の本題に入る前に、複数の神社を参拝することの利点も挙げておきましょう。

◎神社めぐりは「龍穴」めぐり

「貴船神社」（194ページ）の項でもお伝えしましたが、地下には「龍脈」という地のエネルギーの流れがあり、その「龍脈」が集まる場所を「龍穴」と言います。

神社はその「龍穴」の上に建てられています。つまり、複数の神社を参拝することは、「龍穴」にたくさん行く、ということです。「龍穴」はエネルギーの密集地ですので、参拝する人たちの気力・活力を向上させます。

一方で、参拝者が来ることは、その土地にとってもいいことなのです。

「龍穴」に人が来ると、「龍穴」は刺激を与えられます。すると、エネルギーが効率よく外側に放出されたり、循環したりするので、エネルギーのめぐりが良くなるのです。

これは、人体で言うところの「ツボ」のようなもの。人の体で言えば「経脈」が「龍脈」で、「ツボ」が「龍穴」です。

人が「龍穴」に行くことは、その土地の「ツボ押し」をするような効果がある。神社参拝は、参拝者も元気になるし、その土地も元気になるのです。

◎「ドラゴン・レイライン」参拝は龍のツボ押し

「ドラゴン・レイライン」の13社をお参りすることは、いわば「龍のツボ押し」です。あなたも元気になるし、龍も元気になります。

全てをお参りすると、お金、仕事運、人間関係運、恋愛運、スピリチュアル能力の全てが手に入り、あなたは「幸せな龍遣い」になれます。

龍とつながり、龍に感謝をしながらめぐる日本の旅は、きっと一生の財産になると思います。ぜひ、13社めぐりをしてみてくださいね。

「新しい時代」のお金

この本では「新しい時代」と「神社」「龍」についてさまざまお伝えしてきましたが、もう一つ、お伝えしておきたいテーマがあります。

それは「お金」です。

「新しい時代」のお金ってどんな感じでしょう？

少し遠い未来の話をすると、私たち人間はこれから「お金のない社会」に突入していくと感じています。

古代レムリア時代のような「愛だけで価値の交換・循環ができる」、そういう美しい世界が来ると思っています。

そもそも、「お金」は価値の交換ツールとして、文明発展のプロセスで生み出された最も便利な道具。

ですが、人間はお金に力を与えすぎてしまい、逆にお金に支配されるような世の中になってしまいました。

「新しい時代」に生きる私たちは、お金との正しい付き合い方を学んでいく必要があるのです。


ただし、「お金のない社会」が来るのはもう少し先の話。現状は、「法定通貨」を中心にした資本主義社会であり、まだまだお金の価値観は転換期です。

けれど、これから確実に時代は変わっていきます。

時代を変えるには、現時点をしっかりと見据えたうえで、古い価値観を捨て、新しい価値観を取り入れることが必要だと考えます。

◎お金はエネルギー

お金はエネルギー。単なる交換ツール。無味無臭の透明なエネルギーです。

だからこそ、ネガティブなエネルギーをつければ、ネガティブが増幅し、ポジティブなエネルギーをつければ、ポジティブが増幅します。

例えば、「借金」という言葉を聞くとイメージが悪いですが、「ご祝儀」と聞くと新郎新婦の幸せそうな笑顔が思い起こされ、温かな気持ちになります。
「お金」そのものより、「お金にどんな感情を乗せるか」が大切なのです。

「地の時代」では、多くの人がお金に、「恐れ・制限・苦しみ」などを乗せていましたが、「風の時代」では、お金に「愛・幸せ・豊かさ・情熱・循環・分かち合い」などを乗せます。

「新しい時代」のお金とは、お金自体が変わるのではなくて、お金を見る「人の心」が変わっていくのです。

お金を望むこと自体は悪いことでもなんでもありません。

むしろ、豊かな心を持った人がお金を得ると、よい感情を乗せて使ってくれますから、社会全体が豊かになり、とてもいいことです。

ですから、心持ちさえよければ、神社でお金を望むことは悪いことではありません。そして、龍とお金はとても相性がいいのです。

金運を上昇させるために神社に行ってもいいんですよ。

神社で金運をバクアゲする三つのアイテム

①絵馬

ここで、神社で「金運をバクアゲ」するための三つのアイテムをご紹介しましょう。

このアイテムを効率的に使えば、あなたの金運はバク上がりするのです！

◎絵馬を眺める

絵馬はお願い事を書いて祈願するもの。神社には必ずと言っていいほど置いてあります。

実は、願い事を書く前にすることがあります。

それは、奉納されている「絵馬を眺める」ことです。

絵馬には「第一志望に合格しますように」「恋人と結婚できますように」「お金持ちになりますように」など、たくさんの人の願い事が書かれています。

その絵馬が奉納されている場所に立ち、こう心の中で祈るのです。

「ここに書かれている全ての人の願いが叶いますように」

一つ一つの絵馬が光っているようなイメージをして、「みんなが幸せになりますように。願い事が叶いますように」と心を寄せます。

人のお願い事を祈ることで、自分の願い事も叶いやすくなります。

そして、何より、たくさんの人の願い事を見ている「視点」に立つことは、あなたが「龍の視座に座る」ということです。

龍は全ての人を応援しようとしています。全ての人の願い事が叶うように祈っています。

あなたが絵馬を見て、ひとりひとりの願いが叶いますようにと祈ったら、それは龍と同じ視点で物事を見ていることになります。

つまり、龍と同じことをしているということですね。龍と同じことをすると、龍と同化します。

◎絵馬に書くべき言葉

その上で、絵馬に書いてほしい言葉が「金運龍如爆上」の文字です。

第3章でもご紹介しましたが、この言葉は龍から教わった金運がバク上がりする真言（マントラ）。真言は「魔法の言葉」と言い換えてもOKです。

絵馬にペンで「金運龍如爆上」と大きく書いて奉納してください。

「幸せなお金持ちになりたいです。金運龍如爆上！」というように書いても構いません。

龍の「視座」に座り、龍の「言葉」を放つのです。

すると、「水の神様」「お金の神様」である龍のエネルギーが、あなたに富をめぐらせてくれます。

神社で金運をバクアゲする三つのアイテム

②お賽銭

「お賽銭はいくら入れたらいいですか？」という質問をよく聞きますが、本気でお金を増やしたいのであれば、僕の答えは「1万円」です。

僕は1万円札を入れ始めてから、本当にお金の流れが変わりました。

◎差し出すことで受け取れる

賽銭箱に1万円を入れる理由は二つあります。

まずは、神社のエネルギーをたくさん受け取れるということです。

ある神社で1万円札を賽銭箱に入れた瞬間、体のみぞおちのあたりに「ドン！」と殴られたかのような衝撃が来ました。その場にいた龍から愛のエネルギーをお腹に直接打ち込まれたのです。

それは僕がちゃんと「差し出したから」いただけたエネルギーでした。こちらが差し出すと、それに見合うエネルギーを与えてくれます。

これは、神様や龍がお金儲《もう》けをしたいということではありません。こちら側が何かを差し出すと、こちら側に空間（スペース）が空くのです。

つまり、僕が1万円を差し出したので、僕のほうに1万円だけのスペースが空き、その空いたスペースにエネルギーが入ってきたのです。

つまり、より多く差し出すと、より多く受け取れるということです。

◎お金につけている過剰なパワーを捨てる

もう一つの理由は、「自分がお金につけている過剰なパワーを捨て、自分のパワーを取り戻す」ことです。

先ほど、人間がお金に力を与えすぎてしまって、逆にお金に支配されるような世の中になってしまった、と言いました。

日本ではお金がなくなっても餓死することはありません。お金がなくなったからと言って、命を奪われることはまずないのですが、大多数の人が、お金が十分にないことに、命が失われるような苦しさを感じてしまいます。

でも、お金は無味無臭のエネルギーです。「失う苦しみ」を感じているのは、人間の思い込みや感情の方です。

僕たちは知らず知らずのうちに、自分よりもお金の方を上の立場にしてしまいます。お金をコントロール不能な怪物のように仕立て上げ、自分をとても小さな存在のようにしてしまう。

つまり、多くの人が「お金に負けている」のです。

賽銭箱に1万円を入れると、お金につけている「過剰なパワー」を捨てることができます。

1万円を入れても、何かを購入できるわけではないので、物理的には何も得はしません。

得はしないけれど、1万円を賽銭箱に入れる。あえて損をしてみるのです。するると、それまで大事にしていた「1万円札」が、ただの「紙切れ」に見えてきます。

その瞬間、「1万円札」に付与していたパワーが抜けていき、行き場を失ったエネルギーは相対的に自分の元へと戻ってきます。

これは体験してみないとわからないのですが、「1万円札」を賽銭箱に入れた人たちは一様に「スッキリした」「気持ちが良かった」「心が軽くなった」と言います。これは自分にパワーが取り戻された証拠です。

もし、お金を欲しいならば、お金をモンスターにしてはいけません。お金を上に置いてはいけません。コントロールできないものは増やせないからです。「お金が上」をやめて、自分のパワーを取り戻し、「私が上」にならないといけません。

そして、ゆくゆくは「お金は友達」と言えるくらいに、お金のエネルギーを手放していく必要があります。

◎いつもよりちょっと多い金額でもOK

もちろん、いつも「1万円札」を入れなくても大丈夫です。「この神社さんが大好きで、いつもよりたくさん入れたい」と感じた神社さんだけでもOKです。

また、いきなり「1万円札」は難しいという人は、「いつもよりちょっと多い金額」を入れるようにするといいでしょう。

いままで5円をお賽銭にしていた人は50円を。100円だった人は500円を入れるようにしてください。

すると、あなたのエネルギーにスペースができて、さらにはお金のネガティブ感情も癒やされます。結果として、莫大《ばくだい》な金運が訪れることでしょう！

神社で金運をバクアゲする三つのアイテム
③お守り

◎お守りは高次元エネルギーの「よりしろ」

金運アップ最大にして、最高の効果があるのは「お守り」です。

お守りを持っていることで、その神社の高次元エネルギーを日常に落とし込むことができます。

そもそも神社の起源は、いまのような建物ではなく、「岩」や「木」。

昔の人は、物（岩・木）に神様がよりついていると崇《あが》め始め、その周囲に建物が建っていったのです（いまでは岩や木などが御神体・御神木となっていますね）。

そして、この神様が「よりついている」岩や木などのことを「よりしろ」と呼びました。高次元のエネルギー（非物質）を降ろすためには、低次元のエネルギー（物質）が必要なのです。

「お守り」は、この「よりしろ」の極小版です。高次元のエネルギーをいつでも、どこでも、どんなときでも持ち歩くことができます。

そして、「お守り」は特に、お金との相性がいいのです。なぜかと言えば、お金も「よりしろ」だからです。

実は、お金は目に見えません。見えるのは「現金」です。

あなたが全財産を銀行に預けていたとして、預金通帳に示されているお金は目に見えません。「現金」として引き落として、初めて見えるようになります。

つまり、お金自体はエネルギーであり、現金は「よりしろ」です。これは神様のエネルギーの「よりしろ」であるお守りと同じ関係にあります。

◎「同じ形態」はエネルギーを転写する

また、「同じ形態である」とそのエネルギーが転写されます。これは、昔の人が古来やっていた呪術であり魔法です。

例えば、「富士塚」。これは富士山に模して造営された人工の山や塚のこと。富士山そっくりの、いわば富士山のミニチュア版です。

昔の人がなぜ、富士塚を造ったかと言えば、それは「富士山のエネルギーを転写させるため」です。

形が同じものには、その本体からのエネルギーが転写されることを昔の人は知っていました。

東京にはこの富士塚がたくさんあり、代表的な7箇所は「江戸七富士」と呼ばれています。

富士山の自然と活火山の莫大なエネルギーを、江戸の都市まで引き込んで転写する。これが「同じ形態である」ということの効果です。

「神社」と「お守り」は、高次元のエネルギーを低次元に落とし込む、という意味で「同じ形態」です。また、見えないエネルギーを物質に落とし込む、という意味でも「同じ形態」です。

ですから、「お守り」を持っているだけで、あなたの生活は神様のエネルギーで満たされ、金運が舞い降ります。神様もお金もそばに置いておけるなんて、とても便利なものですね。お守りは「ポータブル神社」なのです。

◎おすすめは「金運守り」

では、どんなお守りがいいかと言えば、やはり金色をした「金運守り」が一番効果が高いでしょう。

金（きん）＝金（かね）なので、これも「同じ形態はエネルギーを転写する理論」です。その神社に金運守りがなければ、「勝ち守り」や「夢が叶うお守り」でも大丈夫です。

そして、お守りは必ず1年手元に置いたら、神社にお返しして、また新しいお守りを準備してください。

特に「金運守り」は循環させることが大切ですから、同じものをずっと使わないようにしてくださいね。

以上の三つが神社で金運をバクアゲするアイテムです。

ぜひ、試してみてくださいね。

第 7 章

人類総神様時代

私たちは人間の形をした神様

第4章で、私たちは「高次元の場所」という「自由」な世界から来て、「低次元の場所」で「制限による遊び」をしている存在だとお伝えしました。

言い換えれば、私たちは「低次元な存在のフリをしている高次元な存在」。「高次元な存在ということを忘れて、低次元な存在だと思い込んでいる、高次元な存在」とも言えます。

とても回りくどい言い方になってしまいましたが、シンプルに言うと「あなたは人間の形をした神様」です。

◎「人類総神様時代」に向けたルール変更

「私は人間の形をした神様」だと、自覚して生きる時代を「人類総神様時代」と言います。第1章でお伝えした「時代の変化」や「風の時代」も、「地球のアセンション」も、「人類総神様時代」に向けた大きな動きです。

この「人類総神様時代」に向けて、大幅な「ルール変更」が起こっています。

いままで「制限」による遊びを楽しんでいた私たちの魂は、ここに来て、ちょっと退屈してきました。なんだか、ずっと同じことの繰り返しのような気がしてきたのです。

それは「歴史は繰り返す」という言葉にも表されています。

有史以来、戦争をしたり、経済競争をしたり、憎んだり、恨んだり、苦しんだり、という「制限」遊びが、あまりにも長いこと繰り返されてきたので、魂にとってはかなり面白味が減ってきたのです。

ですから、高次元の世界では「ちょっといままでのルール、飽きたね」ということで、いま大幅な「ルール変更」が起こっている。

いままでのルールは「私は高次元の存在であることを忘れていなくてはならない」でした。変更後は「私が高次元の存在であることを〝覚えていてもいい〟」というルールになります。

これにより、「私は人間の形をした神様」という自覚を持って生きることが可能になります。

このルール変更は、現在どのようにこの世界に適用されているかというと、一番わかりやすいのは、昨今のスピリチュアルに対するイメージの変化です。昔はスピリチュアルといえば、「オカルト」の類いでした。だいたいテレビ番組では霊能者の嘘を大学教授が暴く、という構成がセオリー。怪しい、嘘くさい、宗教くさいという悪いイメージがほとんどでしたね。

ですが、いまは大分イメージが変わり、テレビでは毎週のように神社が特集されています。スピリチュアルや引き寄せの法則が女性雑誌に取り上げられることも多くなりました。

スピリチュアルに対する抵抗感が徐々に薄れてきて、興味を持つ人が増えてきた。これは、まさに「ルール変更」が起こっている証しと言えます。

神様だということを思い出し、自由に生きる

「私は人間の形をした神様」ということを一番教えてくれるのは、日本の神様

です。

あなたにはご両親がいらっしゃいますね。そして、そのご両親にも、ご両親がいらっしゃいます。

さらに、ご両親のご両親（祖父母）には、ご両親がいて、そのご両親にはご両親がいて、そのまたご両親にはご両親がいて……と、あなたのご先祖様はどこまでいっても、途切れることはありません。

令和から遡《さかのぼ》り、平成、昭和、大正、明治、江戸……室町……奈良……ずーっと遡っていった先に、ご先祖様の「終着点」があります。

私たちを造った一番最初の存在。それは誰でしょうか？

それが、イザナキとイザナミをはじめとする日本の神様。

つまり、私たちは日本の神様の末裔《まつえい》であり、神様の子供なのです。

神の子であるということは、神様自体でもあるということ。

おたまじゃくしが形は違えど、生物学上は「カエル」であるように、人間は形は違えど、生物学上（?）は「神様」という存在なのです。

◎ 神社は「神としての自覚」を取り戻す場所

その日本の神様がいるのが「神社」。そして、高次元の存在でありながら、低次元と高次元のかけ渡しをするのが龍です。また、龍がいるのも「神社」です。「神社」の空気に触れるたびに、私たちは「神としての自覚」を取り戻していくのです。

ある神社の宮司さんが教えてくれました。

「人間はね、神様なんだよ。菅原道真さんは太宰府天満宮に、徳川家康さんは日光東照宮にお祀りされているね。彼らは人間だったけど神社に祀られてる。すごいことをしたから祀られているかもしれないけど、どんなにすごいことをしたからと言って、人間は人間だ。生まれたときはオギャアと泣いて、ご飯を食べて、すやすや眠った赤ちゃんだった。私たちと同じ人間だったんだ。そんなふうに人間が神様になってるんだから、私たちだって神様なんだよ」

僕は、あなたに神様であることを思い出してほしいのです。

「私は神様だ」という自覚があると、とても「自由」に生きられるからです。

あなたはもう、十分、制限の世界で遊び学んできました。


そろそろ、自由になりませんか？

そろろろ、天国のような人生を生きませんか？

そろそろ、神様のように自由自在に生きませんか？

重い鎧《よろい》を脱いで、義務と役割を横に置いて、神様のように自由に伸び伸びと生きませんか？

あなたが自由に生きることが「新しい時代」を加速させ、さらには地球の「アセンション」を加速させます。

ひいては、宇宙全体が素晴らしい光と愛の場になります。

あなたが、単なる肉体としての存在ではなく、「神聖な存在である」と自覚するとき、地球には光の柱が立ち、真に平和で安全で愛に溢れた地球になります。

あなたが「制限」から「自由」になり、幸せになることを心からお祈りしています。

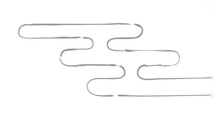

おわりに

本書を手に取ってくださって、本当にありがとうございました。

この本には僕が龍や神様に出会い、教えてもらった全てのことを注ぎ込みました。

こんなにも愛に溢れて、こんなにも自由で、こんなにも幸せな世界があったなんて、当時の僕は夢にも思いませんでした。

いま、こうして読者のみなさまにお会いできて、僕の苦しかった14年間のサラリーマン時代は決して無駄ではなかったと思っています。


僕はずっと「愛を伝える人」になりたいと思っていました。

それはサラリーマンをしていたときから、心の中にずっと湧いていた想いでした。理由は自分でもわかりません。でも、心の底から出てくる「愛を伝えたい」という願望は、止めることができませんでした。

きっと、僕の魂の奥にいる龍が「愛を伝えよ、愛を伝えよ、愛を伝えよ」と繰り返し言い続けていたのだと思います。


「愛」とは抽象的な言葉です。

恋愛や人間愛、家族愛、人類愛などいろいろな面を見せるのが「愛」です。

しかし、どの「愛」にも共通することがあります。

それは「温度」。

「愛」とは「温かさ」です。どんな「愛」でも「温かい」感じがします。

そして、この「温かさ」こそが、実は私たちの本質であり、「神様」なのです。


これまでの時代は「冷たい」時代でした。

仕事、人間関係、お金に「温度」を感じることがありませんでした。

ですが、「新しい時代」では、仕事は「自分の才能を分かち合う行動」になり、人間関係は「幸せの分かち合いと交流」になり、お金は「自分の愛の表現の結果」となります。

「温かい仕事」「温かい人間関係」「温かいお金」

これらが当たり前になる「温かさ」の社会がもうすぐそこまで来ています。

そのための社会的な変化が起きています。

「大きく変わる」と書いて「大変」と読みます。

時代の変革の真っ只中にいると、確かに大変なこともある。

ですが、歴史上、誰も経験したことがない、私たちの先祖たちが心の底から願った平和な社会へと「大きく変わる」瞬間を私たちは生きているのです。

「社会」という言葉の語源は「神〝社〟で〝会〟う」だという説があります。

もともと、「神社」は人々が集う場所であり、「温かさ」を共有する場所だったのです。

何が言いたいかというと、「新しい時代」、そして「温かな時代」を担うのは、本書で何度もお伝えしてきた通り、「神社」ということなのです。

ぜひ、神社にたくさんお参りしてくださいね！

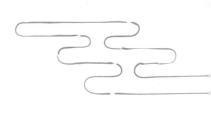

ＫＡＤＯＫＡＷＡさんから本書の出版依頼を頂戴したのは、２０２０年12月22日。奇《く》しくも、「風の時代」がスタートする日に、本書は産声をあげました。

これは単なる偶然ではありません。これこそが「龍のはからい」です。

「龍のはからい」で生まれた本書を最後まで読んでくれたあなたは、すでに龍の大きな愛の中にいます。その愛を存分に受け取ってください。

そして、自分の中にある「温かさ」や「愛」、そして「自分自身の力」を思い出してください。

本書がそのきっかけになりましたら、これ以上の喜びはありません。

最後に、僕は「新しい時代」に向けて、公式ＬＩＮＥ、ブログ、ＹｏｕＴｕｂｅ、Ｖｏｉｃｙ、Ｉｎｓｔａｇｒａｍなどを通じて、日々情報発信をしています。巻末にＵＲＬを掲載しておきますので、ぜひ、僕の発信を受け取りに来ていただけますと幸いです。

また、本書を読んでいただいた方だけの読者限定特典として、「シークレット動画のプレゼント」がありますので、本書の「帯」のＱＲコードから公式Ｌ

ＩＮＥにご登録いただけたらと思います（※帯のない本をご購入された方で、特典動画を希望される場合、ＳＨＩＮＧＯブログの《ＳＨＩＮＧＯ事務局》問い合わせフォームよりお問い合わせ下さい）。本書にかけた熱い思いを語っていますので、ぜひ、直接、僕からのお話を聞いてくれたら嬉しいです。

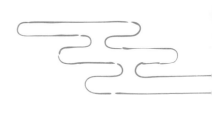

そして、あなたがもし僕の発信を気に入ってくださったら、リアルな場所でお会いしましょう。「新しい時代」を共に作り上げていくあなたに、いつか会える日を心待ちにして、ペンを置きたいと思います。

重ねてにはなりますが、本書を手に取ってくださいまして、本当にありがとうございました。ぜひ、機会があるたびに、本書を開いてもらえたら嬉しいです。

世界で活躍する龍遣い　ＳＨＩＮＧＯ

※本書の印税は、今回ご協力をいただいた神社13社さんに全額寄付させていただきます。

SHINGO

14年間勤めたブラック企業を、ストレスによるうつ病で退社。心のリハビリのために訪れた和歌山県の高野山・奥之院で「龍神」を見たことをきっかけに、龍が「見える」ようになる。日本最大の癒しイベント「癒しフェア」でのワークは立ち見がでるほどの大盛況。さらに、米国で開催された「スピリチュアル・エキスポ」出演時には、「The grand general of dragons（龍の大将軍）」と呼ばれ、称賛される。日本が生んだドラゴン・スピリチュアルマスターとして世界進出を進めている。著書に『夢をかなえる龍』『お金を呼び込む龍』（いずれも光文社）がある。

・「SHINGO」公式LINE
https://lin.ee/ZmefyHP

・「人気スピリチュアルマスター養成スクール」公式LINE
https://lin.ee/SBXtpS8

・ブログ
https://ameblo.jp/shingosoul

・YouTube
https://www.youtube.com/channel/UCNf0XsNjCWkP9LztpfL6g3g

・Voicy
https://voicy.jp/channel/1781

・Instagram
https://www.instagram.com/shingowithdragon/

本文デザイン　岩永香穂（MOAI）
DTP　荒木香樹
本文イラスト　岩永香穂（MOAI）［144ページ］／三浦由美子［145ページ］
写真　SHINGO
龍ガールnao／るし岡きゃと子（チームSHINGO）［第5章］
椿大神社［169ページ］
編集協力　渡辺絵里奈
編集　清水静子

龍《りゅう》のごとく運気《うんき》が上昇《じょうしょう》する新《あたら》しい時代《じだい》の神社参拝《じんじゃさんぱい》

2021年6月30日　初版発行

著者／SHINGO《シンゴ》

発行者／青柳 昌行

発行／株式会社KADOKAWA
〒102-8177　東京都千代田区富士見2-13-3
電話 0570-002-301(ナビダイヤル)

印刷所／大日本印刷株式会社

●お問い合わせ
https://www.kadokawa.co.jp/（「お問い合わせ」へお進みください）
※内容によっては、お答えできない場合があります。
※サポートは日本国内のみとさせていただきます。
※Japanese text only

定価はカバーに表示してあります。

ISBN 978-4-04-605244-5　C0095